William Shakespeare
(1564-1616)

William Shakespeare nasceu e morreu em Stratford, Inglaterra. Poeta e dramaturgo, é considerado um dos mais importantes autores de todos os tempos. Filho de um rico comerciante, desde cedo Shakespeare escrevia poemas. Mais tarde associou-se ao Globe Theatre, onde conheceu a plenitude da glória e do sucesso financeiro. Depois de alcançar o triunfo e a fama, retirou-se para uma luxuosa propriedade em sua cidade natal, onde morreu. Deixou um acervo impressionante, do qual destacam-se clássicos como *Romeu e Julieta, Hamlet, A megera domada, O rei Lear*, *Macbeth, Otelo, Sonho de uma noite de verão, A tempestade, Ricardo III, Júlio César, Muito barulho por nada* etc.

Livros do autor na Coleção **L&PM** POCKET:

As alegres matronas de Windsor – Trad. de Millôr Fernandes
Antônio & Cleópatra – Trad. de Beatriz Viégas-Faria
Bem está o que bem acaba – Trad. de Beatriz Viégas-Faria
A comédia dos erros – Trad. de Beatriz Viégas-Faria
Como gostais / Conto de inverno – Trad. de Beatriz Viégas-Faria
Hamlet – Trad. de Millôr Fernandes
Henrique V – Trad. de Beatriz Viégas-Faria
Júlio César – Trad. de Beatriz Viégas-Faria
Macbeth – Trad. de Beatriz Viégas-Faria
Medida por medida – Trad. de Beatriz Viégas-Faria
A megera domada – Trad. de Millôr Fernandes
O mercador de Veneza – Trad. de Beatriz Viégas-Faria
Muito barulho por nada – Trad. de Beatriz Viégas-Faria
Noite de Reis – Trad. de Beatriz Viégas-Faria
Otelo – Trad. de Beatriz Viégas-Faria
O rei Lear – Trad. de Millôr Fernandes
Ricardo III – Trad. de Beatriz Viégas-Faria
Romeu e Julieta – Trad. de Beatriz Viégas-Faria
Shakespeare de A a Z (Livro das citações) – Org. de Sergio Faraco
Sonho de uma noite de verão – Trad. de Beatriz Viégas-Faria
A tempestade – Trad. de Beatriz Viégas-Faria
Tito Andrônico – Trad. de Beatriz Viégas-Faria
Trabalhos de amor perdidos – Trad. de Beatriz Viégas-Faria

Leia também na Coleção **L&PM** POCKET:

Shakespeare – Claude Mourthé (Série Biografias)

WILLIAM SHAKESPEARE

ANTÔNIO E CLEÓPATRA

TRADUÇÃO DE BEATRIZ VIÉGAS-FARIA

www.lpm.com.br
L&PM POCKET

Coleção **L&PM** Pocket, vol. 395

Texto de acordo com a nova ortografia.
Título original: *Antony and Cleopatra*
Edição consultada para esta tradução: David Bevington (ed.), The New Cambridge Shakespeare, Cambridge: Cambridge University Press, 1990.

Primeira edição na Coleção **L&PM** POCKET: março de 2005
Esta reimpressão: abril de 2015

Capa: Ivan Pinheiro Machado sobre *Perfil de Cleópatra no templo de Kom Ombo.*
Tradução: Beatriz Viégas-Faria
Revisão: L&PM Editores

ISBN 978-85-254-1369-7

S527a Shakespeare, William, 1564-1616.
Antônio e Cleópatra / William Shakespeare; tradução de Beatriz Viégas-Faria. – Porto Alegre: L&PM, 2015.
176 p. ; 18 cm – (Coleção L&PM POCKET)

1. Literatura inglesa-Teatro-Shakespeare-Tragédias. I. Título. II. Série.

CDD 822.33S1-2
CDU 821.111 Shak

Catalogação elaborada por Izabel A. Merlo, CRB 10/329.

Rua Comendador Coruja 314, loja 9 – Floresta – 90.220-180
Porto Alegre – RS – Brasil / Fone: 51.3225.5777 – Fax: 51.3221-5380

Pedidos & Depto. Comercial: vendas@lpm.com.br
Fale conosco: info@lpm.com.br
www.lpm.com.br

Impresso no Brasil
Outono de 2015

William Shakespeare
(1564-1616)

William Shakespeare nasceu em Stratford-upon-Avon, Inglaterra, em 23 de abril de 1564, filho de John Shakespeare e Mary Arden. John Shakespeare era um rico comerciante, além de ter ocupado vários cargos da administração da cidade. Mary Arden era oriunda de uma próspera família. Pouco se sabe da infância e da juventude de Shakespeare, mas imagina-se que tenha frequentado a escola primária King Edward VI, onde teria aprendido latim e literatura. Em dezembro de 1582, Shakespeare casou-se com Anne Hathaway, filha de um fazendeiro das redondezas. Tiveram três filhos.

A partir de 1592, os dados biográficos são mais abundantes. Em março, estreou no Rose Theatre de Londres uma peça chamada *Harry the Sixth*, de muito sucesso, que foi provavelmente a primeira parte de *Henrique VI*. Em 1593, Shakespeare publicou seu poema *Vênus e Adônis* e, no ano seguinte, o poema *O estupro de Lucrécia*. Acredita-se que, nessa época, Shakespeare já era um dramaturgo (e um ator, já que os dramaturgos na sua maior parte também participavam da encenação de suas peças) de sucesso. Em 1594, após um período de poucas montagens em Londres, devido à peste, Shakespeare juntou-se à trupe de Lord Chamberlain. Os dois mais célebres dramaturgos do período, Christopher Marlowe (1564-1593) e Thomas Kyd (1558-1594), respectivamente autores de *O judeu de Malta* e *Tragédia espanhola*, morreram por esta época, e Shakespeare encontrava-se pela primeira vez sem rival.

Os teatros de madeira elisabetanos eram construções simples, a céu aberto, com um palco que se projetava à frente, em volta do qual se punha a plateia, de pé. Ao fundo, havia duas portas, pelas quais atores entravam e saíam. Acima, uma sacada, que era usada quando tornava-se necessário mostrar uma cena que se passasse em uma ambientação secundária. Não havia cenário, o que abria toda uma gama de versáteis possibilidades, já que, sem cortina, a peça começava quando entrava o primeiro ator e terminava à saída do último, e simples objetos e peças de vestuário desempenhavam importantes funções para localizar a história. As ações se passavam muito rápido. Devido à proximidade com o público, trejeitos e expressões dos atores (todos homens) podiam ser facilmente apreciados. As companhias teatrais eram formadas por dez a quinze membros e funcionavam como cooperativas: todos recebiam participações nos lucros. Escrevia-se, portanto, tendo em mente cada integrante da companhia.

Em 1594, Shakespeare já havia escrito as três partes de *Henrique VI, Ricardo III, Tito Andrônico, Dois cavalheiros de Verona, Trabalhos de amor perdidos, A comédia dos erros* e *A megera domada*. Em 1596, morreu o único filho homem de Shakespeare, Hamnet. Logo em seguida, ele escreveu a primeira das suas peças mais famosas, *Romeu e Julieta*, à qual seguiram-se *Sonho de uma noite de verão, Ricardo II* e *O mercador de Veneza. Henrique IV*, na qual aparece Falstaff, seu mais famoso personagem cômico, foi escrita entre 1597-1598. No Natal de 1598, a companhia construiu uma nova casa de espetáculos na margem sul do Tâmisa. Os custos foram divididos pelos diretores da companhia, entre os quais Shakespeare, que provavelmente já tinha alguma fortuna. Nascia o Globe Theatre. Também é de 1598 o reconhecimento de Shakespeare como o mais importante dramaturgo de língua inglesa: suas peças, além de atraírem milhares de espectadores para os teatros de madeira, eram impressas e vendidas sob a forma de livro – às vezes até mesmo pirateados. Seguiram-se *Henrique V, Como gostais*, *Júlio César* – a primeira das suas tragédias da maturidade –, *Troilo e Créssida, As alegres matronas de Windsor, Hamlet* e *Noite de Reis*. Shakespeare escreveu a maior parte dos papéis principais de suas tragédias para Richard Burbage, sócio e ator, que primeiro se destacou com *Ricardo III*.

Em março de 1603, morreu a rainha Elisabeth. A companhia havia encenado diversas peças para ela, mas seu sucessor, o rei James, contratou-a em caráter permanente, e ela tornou-se conhecida como King's Men – Homens do Rei. Eles encenaram diversas vezes na corte e prosperaram financeiramente. Seguiram-se *Bem está o que bem acaba* e *Medida por medida* – suas comédias mais sombrias –, *Otelo, Macbeth, Rei Lear, Antônio e Cleópatra* e *Coriolano*. A partir de 1601, Shakespeare escreveu menos. Em 1608, a King's Men comprou uma segunda casa de espetáculos, um teatro privado em Blackfriars. Nesses teatros privados, as peças eram encenadas em ambientes fechados, o ingresso custava mais do que nas casas públicas de espetáculos, e o público, consequentemente, era mais seleto. Parece ter sido nessa época que Shakespeare aposentou-se dos palcos: seu nome não aparece nas listas de atores a partir de 1607. Voltou a viver em Stratford, onde era considerado um dos mais ilustres cidadãos. Escreveu então quatro tragicomédias, subgênero que começava a ganhar espaço: *Péricles, Cimbelino, Conto de inverno* e *A tempestade*, sendo que esta última foi encenada na corte em 1611. Shakespeare morreu em Stratford em 23 de abril de 1616. Foi enterrado na parte da igreja reservada ao clero. Escreveu ao todo 38 peças, 154 sonetos e uma variedade de outros poemas. Suas peças destacam-se pela grandeza poética da linguagem, pela profundidade filosófica e pela complexa caracterização dos personagens. É considerado unanimemente um dos mais importantes autores de todos os tempos.

ANTÔNIO E CLEÓPATRA

PERSONAGENS

Marco Antônio Otávio César Lépidus	triúnviros

Cleópatra, rainha do Egito

Charmian Iras Alexas Mardian, um eunuco Diomedes	serviçais de Cleópatra

Seleuco, tesoureiro de Cleópatra

Otávia, irmã de Otávio César e esposa de Marco Antônio

Demétrio Philo Domítio Enobarbo Ventídio Sílio Canídio Escaro Eros Dércetus	amigos e seguidores de Antônio

Um preceptor, embaixador de Antônio junto a César

Mecenas **Agripa** **Táurus** **Tídias** **Dolabella** **Gallus** **Proculêius**	amigos e seguidores de Otávio César

Sexto Pompeu

Menas **Menécrates** **Várrius**	amigos de Pompeu

Mensageiros de Antônio, de Otávio César e de Cleópatra
Um **adivinho**
Dois **criados** de Pompeu
Criados de Antônio e Cleópatra
Um **menino**
Soldados, sentinelas, guardas de Antônio e de Otávio César
Um **capitão** do exército de Antônio
Um **egípcio**
Um **campônio** com figos

Mulheres a serviço de Cleópatra, eunucos, criados, soldados, capitães, oficiais, personagens cujos nomes não são pronunciados na peça (Ranio, Lucílio, Lamprio)

Cenário: diferentes partes do Império Romano

PRIMEIRO ATO

CENA I

Egito. Na corte.

Entram Demétrio e Philo.

Philo – Sim, mas essa fascinação senil de nosso general derrama-se, transborda, ultrapassa todas as medidas. Aqueles admiráveis olhos dele, que por sobre a soldadesca enfileirada brilhavam como o nosso deus da guerra, um Marte blindado, agora se desviam de seu ofício, agora curvam-se em devoção diante de um rosto moreno. O peito de nosso general, que no tumulto das grandes batalhas rebentava com as fivelas de sua couraça, agora abriga um coração que renega toda temperança e se torna o fole e o abano que refrescam a luxúria de uma cigana.[1]

[Fanfarra. Entram Antônio, Cleópatra, suas damas de companhia Charmian e Iras e seu séquito, com eunucos abanando-a.]

Veja só o modo como eles chegam. Observe com atenção, e você pode enxergar nele um dos três pilares do mundo transformado num palerma às ordens de uma rameira. Olhe bem, e você verá.

---

1. Na Inglaterra elisabetana, acreditava-se que os ciganos, tidos como trapaceiros, eram oriundos do Egito. (N.T.)

Cleópatra – Se é amor mesmo, diga-me quanto.

Antônio – Existe carência no amor que pode ser calculado.

Cleópatra – Eu determino até onde esse amor pode ir.

Antônio – Então tu terás de descobrir novas terras e novos céus.

Entra um Mensageiro.

Mensageiro – Notícias, meu senhor, de Roma.

Antônio – Ai, que isso me irrita! Quero um resumo das novas.

Cleópatra – Não, Antônio; ouça tudo. Pode ser que Fúlvia[2] esteja irada, ou quem sabe aquele César[3] que está pondo barba na cara não lhe mandou um de seus enérgicos mandatos: "Faça isso, faça aquilo; conquiste esse reino, liberte aquele outro; execute, pois do contrário nós o desgraçaremos".

Antônio – O quê, meu amor?

Cleópatra – "Quem sabe?" Não, é praticamente certo. Você não pode mais ficar aqui. Suas ordens, para debandar ou exonerar-se, vieram de César. Portanto, ouça tudo, Antônio. Onde está a convocação de Fúlvia? Quero dizer, de César. Dos dois? Chamem os mensageiros aqui. Certo como eu sou a rainha do Egito, Antônio, tu estás enrubescendo, e esse sangue em tuas faces é vassalo de César. Se não, o teu rosto denuncia humilhação diante das censuras da língua estridente de Fúlvia. Os mensageiros!

---

2. A esposa de Antônio. (N.T.)

3. Otávio César. (N.T.)

Antônio – Por mim, Roma pode se fundir no Tibre, e pode ruir o amplo arco do império ordenado! Aqui eu tenho o meu espaço. Reinos não passam de barro; da mesma terra fétida alimentam-se homens e feras. Na vida, a nobreza está em proceder assim, quando podem assim proceder os dois que formam um par de tal modo sincronizado. Estou intimando o mundo, sob pena de punição, a fazer-se conhecedor de que nós nos declaramos incomparáveis.

Cleópatra – Uma excelente falsidade! Por que ele se casou com Fúlvia sem amá-la? Vou ficar parecendo a idiota que não sou. Antônio deve ser ele mesmo.

Antônio – Mas atiçado por Cleópatra. Agora, por amor ao Amor e suas sempre suaves horas, não vamos arruinar o tempo com conversas ásperas. Nem um único minuto de nossas vidas deve prolongar-se agora sem algum prazer. Como nos divertiremos esta noite?

Cleópatra – Ouça os embaixadores.

Antônio – Que vergonha, minha rainha briguenta, em quem tudo fica bem: repreender, rir, chorar; como cada emoção empenha-se para ser, em ti, bela e admirável! Nenhum mensageiro que não seja o teu, e sozinhos esta noite nós vamos passear pelas ruas e observaremos a qualidade das pessoas do povo. Vamos, minha rainha; na noite passada era isso o que você queria. *[Dirigindo--se ao Mensageiro]* – Não nos dirija a palavra.

Saem Antônio e Cleópatra com o séquito,
Charmian, Iras e eunucos.

Demétrio – Antônio tem César em tão baixa consideração?

Philo – Meu senhor, às vezes, quando ele não é Antônio, ele fica aquém da grandeza que devia acompanhá-lo sempre.

Demétrio – Fico pesaroso de saber que ele prova verdadeiros os mentirosos comuns, os que em Roma falam assim dele. Quanto a mim, vou esperar por melhores momentos amanhã. Que os deuses te abençoem!

Saem.

CENA II

Egito. Na corte.

Entram Enobarbo, Lamprio, um Adivinho, Ranio, Charmian, Iras, Mardian o Eunuco e Alexas.

Charmian – Lorde Alexas, amável Alexas, prezadíssimo Alexas, perfeito exemplo de perfeição Alexas, onde está o adivinho que o senhor tanto elogiou em conversa com a rainha? Estou louca para conhecer esse marido que, o senhor disse, irá carregar seus cornos com guirlandas!

Alexas – Adivinho!

Adivinho – O que o senhor deseja?

Charmian – É esse o homem? – É o senhor, aquele que sabe das coisas?

Adivinho –

No livro infinito dos segredos da natureza,
Um pouco eu sei ler com alguma destreza.

Alexas *[dirigindo-se a Charmian]* – Mostre a ele a sua mão.

Enobarbo – Tragam rápido os doces e as frutas; e vinho suficiente para brindarmos à saúde de Cleópatra.

Charmian *[mostrando a mão ao Adivinho]* – Meu bom homem, me dê um bom futuro.

Adivinho –
Eu não dou o futuro;
eu prevejo o futuro.

Charmian – Então eu lhe peço que me preveja um futuro.

Adivinho –
Vejo-a e, do jeito que vejo a senhora,
será ainda mais clara do que agora.

Charmian – Ele está falando da minha pele.

Iras – Que nada! Você vai se pintar quando for velha.

Charmian – Que as rugas afastem de mim esse destino.

Alexas – Não perturbem a presciência do homem. Prestem atenção.

Charmian – Silêncio!

Adivinho –
Vejo-a e, do jeito que vejo a senhora,
a um amor terá muito se devotado,
mais do que terá amor a si dedicado.

Charmian – Se é para arruinar o meu fígado, que seja com bebida em vez de amor não correspondido.

Alexas – Escute o homem.

Charmian – Ora, vamos, algo de formidável no meu futuro! Veja-me casando com três reis numa única manhã e faça-me enviuvar de todos os três. Veja-me sendo mãe aos cinquenta anos, parindo um filho a quem Herodes, o rei dos judeus, venha prestar homenagem. Veja-me casando com Otávio César, igualando-me assim à minha senhora.

Adivinho –
Vejo-a e, do jeito que vejo a senhora,
viverá mais do que aquela a quem serve agora.

Charmian – Ah, excelente! Gosto mais de vida longa do que de figos.

Adivinho –
A senhora viveu e soube usufruir
de uma sorte bem melhor
que a sorte que está por vir.

Charmian – Então deve ser porque meus filhos não vão ter um nome. Diga-me, por favor, quantos meninos eu vou ter, e quantas moças?

Adivinho –
Se tivesse um ventre fértil cada uma de suas vontades,
a senhora teria os meninos e as meninas aos milhares.

Charmian – Pronto! Fora daqui, seu bobo! Bruxo o senhor não é, isso eu garanto.

Alexas – Você imagina que, além dos seus lençóis, ninguém sabe de seus desejos secretos.

Charmian – Mas então, vamos, diga a sorte de Iras.

Alexas – Queremos todos saber nossos destinos.

Enobarbo – O meu e a maioria de nossos destinos esta noite será: primeiro bêbados, depois na cama.

Iras *[mostrando a mão ao Adivinho]* – Aqui está uma palma que pressagia castidade, se nada mais.

Charmian – Tanto quanto o Nilo transbordante pressagia fome.

Iras – Ora, vá, sua devassa, você não sabe prever o futuro.

Charmian – Claro! Se uma palma suada não é sinal de prognóstico frutuoso, eu não tenho o ouvido atento a novidades. Eu lhe peço, senhor, diga a sorte dela: o básico, o rotineiro.

Adivinho –

O destino de uma é o destino da outra.

Iras – Mas como, como? Dê-me os detalhes.

Adivinho –
É isso, e eu tenho dito.

Iras – O meu destino não é nem uma polegada melhor que o dela?

Charmian – Bem, e se você tivesse uma polegada de sorte a mais que eu, onde você preferiria tê-la?

Iras – Não haveria de ser no nariz do meu marido.

Charmian – Que os céus purifiquem os nossos piores pensamentos! Alexas... vamos, o destino dele, o destino dele! Ah, minha doce deusa Ísis,[4] eu vos imploro: fazei com que ele se case com uma mulher que não

4. Deusa da Lua e da fertilidade. (N.T.)

consegue, e fazei com que ela morra, e que ele tenha outra, pior, e que ele tenha outra e outra e mais outra, cada uma pior que a anterior, até que a pior de todas siga-o, rindo, para a cova, cinquenta vezes corno! Minha boa deusa Ísis, escutai a minha prece, embora eu saiba que a mim vós negais coisa de mais peso; minha boa Ísis, eu vos suplico!

Iras – Amém, minha boa deusa, escutai a prece do povo! Pois, ainda que seja doloroso demais ver um homem bonito casado com uma vagabunda, também é uma pena imperdoável ver um canalha feio sem nada que lhe enfeite a testa. Portanto, minha boa Ísis, fazei com que seja observado o decoro fazendo com que ele tenha o destino merecido.

Charmian – Amém!

Alexas – Mas vejam só! Se estivesse nas mãos delas fazer de mim um cornudo, até em putas se transformavam, só para me ver corno.

Entra Cleópatra.

Enobarbo – Silêncio. Aí vem Antônio.

Charmian – Ele não. A rainha.

Cleópatra – Vocês viram o meu senhor?

Enobarbo – Não, senhora.

Cleópatra – Ele não estava aqui?

Charmian – Não, Alteza.

Cleópatra – Ele estava com disposição para se divertir, mas de repente um pensamento de romano tomou conta dele. Enobarbo!

Enobarbo – Alteza?

Cleópatra – Procure-o e traga-o para cá. Onde está Alexas?

Alexas – Aqui, ao seu dispor. ...Vem chegando o meu amo.

Entra Antônio, com um Mensageiro.

Cleópatra – Nós não queremos olhar para ele. Venham conosco.

Saem todos, menos Antônio e o Mensageiro.

Mensageiro – Vossa esposa, Fúlvia, foi quem primeiro chegou ao campo de batalha.

Antônio – Contra o meu irmão Lúcio?

Mensageiro – Sim. Mas logo a guerra chegou ao fim, e o estado das coisas naquele momento fez com que ficassem amigos, juntando forças contra César, cujo êxito na batalha expulsou-os da Itália já naquele primeiro embate.

Antônio – Bem, e o que aconteceu de pior?

Mensageiro – A natureza das más notícias contamina o mensageiro.

Antônio – Só quando afetam os tolos ou os covardes. Continue. Comigo, o que passou está resolvido. É assim: àquele que me diz a verdade, embora em seu relato se encontre a morte, eu o escuto como se ele estivesse me lisonjeando.

Mensageiro – Labieno... e esta é a notícia dolorosa... tomou a Ásia com seu exército persa; a sua bandeira vencedora tremulou a partir do rio Eufrates, desde a Síria até Lídia, passando por Iônia, enquanto…

Antônio – Antônio, é o que você queria dizer.

Mensageiro – Ah, senhor!

Antônio – Pode me dizer, direto e sem rodeios, o que estão falando. Pode dizer de que estão chamando Cleópatra em Roma. Pode me censurar com as palavras de Fúlvia, e debochar de minhas falhas com toda a licenciosidade de que são capazes apenas estas duas: a verdade e a maldade. É quando descansamos as nossas mentes férteis que nelas fazemos brotar ervas daninhas, e ter nossas mazelas ditas a nós em alto e bom tom serve para arrancarmos o inço e prepararmos uma boa safra. Agora, passar bem.

Mensageiro – Como for de seu nobre desejo.

[Sai o Mensageiro.]

Entra outro Mensageiro, e um terceiro espera à porta.

Antônio – De Sicíone, olá, quais as notícias? Fale aí.

Segundo Mensageiro – O homem de Sicíone… tem alguém aí de Sicíone?

Terceiro Mensageiro – Ele está à vossa disposição.

Antônio – Que ele apareça.

[Saem o Segundo e o Terceiro Mensageiros.]

Preciso me soltar desses poderosos grilhões egípcios, senão vou acabar definhando nessa paixão.

Entra um quarto Mensageiro, com uma carta.

Quarto Mensageiro – Faleceu Fúlvia, vossa esposa.

Antônio – Onde ela morreu?

Quarto Mensageiro – Em Sicíone. O alcance e a duração de sua doença, com tudo o mais de importância que vos compete saber, estão aqui relatados.

Ele entrega uma carta.

Antônio – Deixe-me a sós.

[Sai o Mensageiro.]

É uma grande alma que nos deixa! E assim eu desejei que fosse. E desejamos que seja nosso novamente aquilo que o nosso desprezo joga para longe. O prazer de agora, minimizado pelo evoluir das coisas, transforma-se no oposto de si mesmo. Ela foi boa, em nos deixar. A mesma mão que a afastou estaria disposta a arrancá-la de volta da morte. Preciso libertar-me desta rainha que prende pelo fascínio. Meu ócio está gestando dez mil pesadelos além dos infortúnios que já conheço. ... E agora então, Enobarbo!

Entra Enobarbo.

Enobarbo – Quais as suas ordens, senhor?

Antônio – Preciso ir embora daqui, e depressa.

Enobarbo – Ora, então estaremos matando todas as nossas mulheres. É fácil ver como um gesto descortês lhes é mortal; se elas padecerem com a nossa partida, a morte será o lema.

Antônio – Eu preciso ir embora.

Enobarbo – Sob circunstâncias de força maior, deixe--se que as mulheres morram. Seria pena descartá-las por nada, apesar de que, entre elas e uma grande causa, elas devem ser consideradas nada. Se Cleópatra ouve falar um ai que seja sobre isso, morre no mesmo instante; eu mesmo já a vi morrer vinte vezes por conta de um momento muito menos grave. Imagino que tem vigor na morte, pois comete algum ato de amor sobre Cleópatra, tal a sua presteza em morrer.

Antônio – Ela é muito astuta; mais do que um homem possa conceber.

Enobarbo – Mas não, senhor, não. As paixões dela são feitas da mais fina parte do mais puro amor. Não podemos chamar de ventanias e rios os seus suspiros e lágrimas, pois são tempestades e enxurradas maiores que as anunciadas nos calendários de plantio e colheita. Isso não é astúcia da parte dela; se for, então ela faz chover tão bem quanto Júpiter.

Antônio – Queria eu nunca tê-la visto!

Enobarbo – Ah, senhor, mas então o senhor teria deixado de ver uma esplêndida obra de arte, e a sua viagem ficaria sem essa bênção e, além do mais, ficaria desacreditada.

Antônio – Fúlvia morreu.

Enobarbo – Senhor?

Antônio – Fúlvia morreu.

Enobarbo – Fúlvia?

Antônio – Morreu.

Enobarbo – Ora, senhor, ofereça aos deuses um sacrifício em agradecimento. Quando às divindades apraz tirar de um marido a sua esposa, isso mostra ao homem quem são os alfaiates aqui na terra. Reconfortante nessa questão é saber que, quando se gastam as túnicas de tão velhas, há membros que as podem fazer novas. Se não houvesse outras mulheres além de Fúlvia, aí sim, o senhor estaria castrado, e o seu seria um caso lamentável. Mas a sua dor vem coroada de grande consolo: a velha camisola da falecida vai dar pano para uma saia novinha em folha, e, na verdade, as lágrimas que vão molhar essa perda estão dentro de uma cebola.

Antônio – Os negócios que ela introduziu no estado não terão continuidade se eu permanecer ausente.

Enobarbo – E os negócios onde o senhor se introduziu aqui não podem ficar sem a sua presença, especialmente o de Cleópatra, que o senhor penetrou e que depende de seu comparecimento.

Antônio – Chega de respostas grosseiras. Faça com que os nossos oficiais fiquem sabendo de nossos propósitos. Eu me encarrego de informar à rainha a razão de nossa saída às pressas e de pedir-lhe licença para partir. Não é só a morte de Fúlvia que nos chama a Roma, com tudo o que ela acarreta de premente e doloroso, mas também as cartas de vários de nossos amigos que vêm trabalhando pelos nossos interesses reclamam a nossa presença. Sexto Pompeu desafiou César e está no comando do império dos mares. Nosso povo inconfiável, cujo amor só vai se vincular a quem o merece depois que esses merecimentos se tornarem coisas do passado, agora começam a conferir o nome e todas as distinções de Pompeu, o Grande a seu filho, que, eminente pelo nome e pela força e ainda mais eminente pela coragem que lhe corre nas veias e lhe inunda o espírito, agora gaba-se de ser o melhor soldado de todos. Se ele continua nessa qualidade, podem estar correndo risco os próprios montantes do mundo. Muita coisa está se gestando e, como a crina[5] do corcel, já tem vida própria mas ainda não tem o veneno da serpente. A todos os que estão sob as nossas ordens, comunique o seguinte: nosso comando requer nossa retirada, e rápido.

Enobarbo – Assim o farei.

Saem.

CENA III

Egito. Na corte.

Entram Cleópatra, Charmian, Alexas e Iras.

Cleópatra – Onde ele está?

Charmian – Faz tempo que não o vejo.

Cleópatra *[dirigindo-se a Alexas]* – Veja onde ele está, quem está com ele, o que ele está fazendo. E

---

5. Ao tempo de Shakespeare, acreditava-se que crina de cavalo em água estagnada criava vida própria, o que se explica pela aderência de seres microscópicos da água à crina, parecendo assim que os pelos passam a se movimentar, como se fossem minúsculas enguias. (N.T.)

fique claro que eu não mandei você. Se encontrá-lo triste, diga que estou dançando; se alegre, conte-lhe que fiquei doente de uma hora para outra. Rápido, e volte logo.

Sai Alexas.

Charmian – Alteza, a mim me parece que, se a senhora por um lado o ama de todo o coração, por outro lado não é esse o método para assegurar que ele lhe tenha amor.

Cleópatra – O que devo fazer que não estou fazendo?

Charmian – Dar razão a ele em tudo. Não contrariá-lo em nada.

Cleópatra – Tu distribuis ensinamentos como uma tonta; esse é o meio para perdê-lo.

Charmian – Não o provoque tanto. Quem me dera, a senhora conseguir se controlar. Com o tempo, passamos a odiar aquilo que muitas vezes nos põe medo.

[Entra Antônio.]

Mas aí vem Antônio.

Cleópatra – Estou doente de tristeza.

Antônio – Eu sinto muito ter de comunicar o meu propósito...

Cleópatra – Ajuda-me a ir embora daqui, Charmian; eu vou cair. Não vou durar muito nesse ritmo. A natureza não me deu estrutura que sustente isso.

Antônio – Ora, ora, minha rainha amada...

Cleópatra – Eu lhe peço, não chegue perto, deixe-me respirar.

Antônio – Qual é o problema?

Cleópatra – Eu sei por esse mesmo olhar que você recebeu boas novas. O que diz a mulher casada? Que você já pode ir? Meu desejo é que ela nunca lhe tivesse dado permissão para vir! Que ela não diga que sou eu que o retém aqui. Não tenho influência sobre você. Você é dela!

Antônio – Só os deuses sabem…

Cleópatra – Ah, jamais houve rainha que se deixou trair com tal magnitude! E, no entanto, logo de início eu enxerguei as traições semeadas.

Antônio – Cleópatra…

Cleópatra – Por que eu deveria pensar que você pode ser meu, e fiel, quando você, ao fazer um juramento, faz estremecer os deuses do Olimpo? Você, que se mostrou falso com Fúlvia? Loucura delirante, a minha, deixar-me enredar por essas juras feitas assim, de boca, que se desfazem no momento mesmo em que se proclamam!

Antônio – Minha doce rainha…

Cleópatra – Não, eu lhe peço, não procure pintar em cores mais suaves a sua partida. Diga adeus e vá. Quando você solicitou e suplicou para ficar, aquela foi a hora de usar palavras. Nada foi dito sobre despedidas. A eternidade escancarava-se em nossos lábios, em nossos olhos, a felicidade em nosso rosto, o êxtase no ângulo das sobrancelhas. Nenhum de meus traços, por menos bonito que fosse, deixou de mostrar-se divino. E ainda é assim, pois, do contrário, tu, o maior soldado do mundo, te tornaste o maior mentiroso.

ANTÔNIO – O que disse, senhora?

CLEÓPATRA – Quisera eu ter o teu tamanho. Assim tu saberias que há um coração no Egito.

ANTÔNIO – Escute-me, rainha. O momento urge e não pode prescindir dos nossos serviços por enquanto, mas o meu coração por inteiro fica ao seu dispor. A nossa Itália brilha em todo canto com espadas civis. Sexto Pompeu aproxima-se do porto de Roma. A igualdade de duas forças domésticas faz nascer altercações faccionárias por qualquer ninharia. Ganharam em força aqueles que antes eram odiados e hoje se veem renascidos na estima do povo. Sexto Pompeu, antes proscrito, enriquece em cima do honrado nome de seu pai e insinua-se a passos largos nos corações daqueles que não prosperaram sob o atual governo e são ameaçadores em número. E a calmaria, enferma de tanto repouso, quer ser purgada por alguma mudança qualquer, feita de desespero. Meu interesse particular, e que particularmente para você deve ser a parte mais segura de minha viagem, é a morte de Fúlvia.

CLEÓPATRA – Embora a idade não me tenha libertado de ser tola, libertou-me de ser infantil. Será que Fúlvia pode morrer?

ANTÔNIO – Ela está morta, minha rainha.

[Ele lhe estende as cartas.]

Olhe aqui, e, à vossa soberana vontade, tome conhecimento dos sobressaltos que ela provocou; por último, e o melhor de tudo, veja quando e onde ela morreu.

Cleópatra – O mais falso dos amores! Onde está o frasco sagrado que tu devias encher de lágrimas doloridas? Agora eu vejo, eu vejo na morte de Fúlvia como a minha será recebida.

Antônio – Chega de brigar, mas esteja preparada para inteirar-se de meus propósitos, que existem ou inexistem, conforme o vosso veredito. Pelo fogo iluminado que anima o lodo do Nilo, eu saio do Egito como teu soldado, teu servo, e faço a paz ou faço a guerra, segundo o teu desejo.

Cleópatra – Corte os laços que me apertam, Charmian, rápido! Mas, deixe estar; tão logo passo mal, já estou bem, é assim que Antônio gosta.

Antônio – Minha preciosa rainha, deixe disso, e seja fiel testemunha do amor deste que se submete a qualquer julgamento honrado.

Cleópatra – Foi o que Fúlvia me disse. Eu lhe suplico, chore por ela, depois despeça-se de mim e diga que as lágrimas pertencem ao Egito. Faça-me o favor, pelo menos faça uma cena de excelente dissimulação que imite a honradez perfeita.

Antônio – Não faça o meu sangue ferver. Basta!

Cleópatra – Você pode fazer melhor. Mas assim está bem.

Antônio – Ora, pela minha espada…

Cleópatra – No alvo! Ele faz cada vez melhor. Mas ainda não é o melhor que pode fazer. Eu lhe peço, Charmian, olhe só como fica bem nesse romano hercúleo a pose de quem está furioso.

Antônio – Eu me retiro, senhora.

Cleópatra – Gentil e nobre senhor, uma palavrinha. Devemos nos separar, o senhor e eu, mas a questão não é esta. O senhor e eu soubemos amar, mas a questão não está aí. Isso o senhor sabe bem. Tem alguma coisa que eu queria dizer… ah, meu esquecimento é como um Antônio: está tudo esquecido, inclusive eu.

Antônio – A menos que sua majestade tenha a tolice como um súdito seu, estou pronto a concluir que a senhora é a tolice em pessoa.

Cleópatra – É trabalho suado carregar essa tolice assim próxima ao coração como Cleópatra o faz. Mas, senhor, queira me desculpar; mesmo tudo o que me fica bem acaba comigo quando não parece bem ao seu olhar. A sua honradez chama-o para longe daqui; portanto, não dê ouvidos às minhas desapiedadas tolices, e que estejam consigo todos os deuses! Que sobre a sua espada entronem-se os louros da vitória, e que pavimente os seus passos um sucesso sem acidentes.

Antônio – Vamos. Acompanha-me. A nossa separação tanto cria raízes quanto se faz nômade, de modo que tu, mesmo residindo aqui, vais comigo. E eu, daqui desaparecendo, permaneço contigo. Vamos embora!

Saem.

CENA IV

Roma.

Entram Otávio César, lendo uma carta, Lépidus e sua comitiva.

César – Você pode ver, Lépidus, e daqui por diante fica sabendo, que não é um cacoete de César odiar o nosso grande competidor. De Alexandria nos vêm as seguintes notícias: ele pesca, bebe e consome as candeias da noite em festas e mais festas; não é mais viril que Cleópatra, nem a rainha de Ptolomeu[6] é mais feminina que ele; raras vezes concedeu uma audiência aos mensageiros de Roma ou dignou-se a lembrar que tem uma aliança conosco. Você encontrará aí um homem que é o resumo de todos os podres a que se entregam todos os homens.

Lépidus – Não posso imaginar que existam vícios suficientes para enegrecer todas as suas virtudes. Nele, os defeitos são como os pontos no céu, mais faiscantes na escuridão da noite, hereditários e não adquiridos; ele não tem escolha, são coisas que ele não pode mudar.

César – Você é muito indulgente. Digamos que não seja errado deitar e rolar na cama de Ptolomeu, entregar um reino em troca de diversão, sentar-se para trocar brindes com um escravo, cambalear pelas ruas ao meio-dia e trocar socos com uns desqualificados que cheiram a suor. Digamos que isso combina com ele… e

---

6. Cleópatra, de acordo com o costume egípcio, casara-se ainda menina com Ptolomeu, seu irmão mais moço e herdeiro do trono, de quem depois enviuvou – ela mesma o teria envenenado. Chamavam-na de "a viúva do Egito". (N.T.)

sua natureza deve ser mesmo singular, pois essas coisas não lhe podem atingir…, e, ainda assim, Antônio não pode de modo algum desculpar-se por seus estigmas quando somos nós que suportamos todo o peso de sua leveza. Se ele preenche apenas o seu tempo de ócio com sua voluptuosidade, os distúrbios digestivos e a secura dos ossos vão bater à sua porta e apresentar a conta. Mas perder um tempo que o convoca ao som de tambores para deixar de lado o divertimento, perder um tempo que está gritando a plenos pulmões que nosso triunvirato corre risco, isso é pedir para ser repreendido como ralhamos com meninos que, já grandinhos o suficiente para serem responsáveis, sacrificam sua experiência de vida, ignoram as consequências em troca de prazeres imediatos, assim rebelando-se contra o bom senso.

Entra um Mensageiro.

Lépidus – Mais notícias que chegam.

Mensageiro – Vossas ordens foram cumpridas, e, de hora em hora, nobilíssimo César, recebereis relatos do que se passa fora de Roma. Pompeu mostra-se poderoso nos mares e parece ser amado por todos os que somente temem a César. Acorrem aos portos os descontentes, e os relatos dos homens dão-no por muito injustiçado.

Sai.

César – Eu não devia esperar nada menos que isso. É o que nos foi ensinado, desde a sociedade mais primeva: quem é, só foi desejado até que fosse; o homem que já esteve no auge, e que não foi amado quando ainda podia conceder favores, torna-se querido por estar ausente. Essa ralé, tal qual junco solto e errante num córrego, vai de um lado para o outro, lacaio das marés, para terminar apodrecendo com a movimentação.

Entra um segundo Mensageiro.

Mensageiro – César, eu vos trago a notícia de que Menécrates e Menas, notórios piratas, fazem com que os mares os obedeçam, os mesmos mares que eles ferem e sulcam com quilhas de todo tipo. Na Itália, eles chegam em ferozes incursões. A costa marítima, só de pensar, fica anêmica, e jovens cheios de vigor agregam-se aos dois. Qualquer embarcação que se aventure a levantar âncora, tão logo avistada, torna-se presa de abordagem. A fama de Pompeu atinge-nos mais do que se estivéssemos nos defendendo de uma guerra contra ele.

César – Antônio, larga de tuas orgias lascivas. Quando tu foste derrotado em Módena, onde assassinaste Hirto e Pansa, dois cônsules, seguiu no teu encalço a fome, contra a qual tu lutaste com mais coragem e perseverança que um selvagem em sofrimento, apesar de teres sido criança mimada. Tu bebeste a urina dos cavalos e tu bebeste de poças iridescentes coisas que os bichos teriam vomitado. Naquela época, o teu paladar não desdenhou nem a fruta mais azeda da mais espinhenta amoreira. Sim, tu, como o cervo macho quando a neve encobre o pasto, tu te alimentaste de casca de árvore. Nos Alpes, dizem que tu comeste de estranhas carnes que um outro qualquer teria morrido só de ver. E tudo isso... e fere tua honra, eu falar disto agora... tu suportaste como um verdadeiro soldado, tanto que tuas faces nem ao menos ficaram esquálidas.

Lépidus – Lastimável, ele agora assim.

César – Pois que as lástimas dele o tragam para Roma o quanto antes. Chegou a hora de você e eu aparecermos juntos no campo de batalha, e para este fim devemos reunir o conselho imediatamente. É com nossa inércia que Pompeu se engrandece.

Lépidus – Amanhã, César, estarei preparado para informá-lo corretamente de quantas tropas possa reunir... mar e terra... para enfrentar o presente momento.

César – Até nosso encontro amanhã, farei o mesmo. Adeus.

Lépidus – Adeus, meu senhor. Se nesse meio tempo o senhor souber de algum tumulto, eu lhe imploro, César, que me deixe informado.

César – Pode ter certeza, senhor; eu sei quais são os meus deveres.

Saem, separados.

CENA V

Egito.

Entram Cleópatra, Charmian, Iras e Mardian.

Cleópatra – Charmian!

Charmian – Pois não, Alteza?

Cleópatra – Ai, ai! Arranja-me mandrágora para beber.

Charmian – Por quê, Alteza?

Cleópatra – Para eu dormir durante esse enorme vazio de tempo em que o meu Antônio estiver fora.

Charmian – A senhora pensa demais nele.

Cleópatra – Ah, é traição.

Charmian – Não creio, Alteza.

Cleópatra – Tu, eunuco Mardian!

Mardian – Quais são os desejos de Sua Alteza?

Cleópatra – Não te ouvir cantar agora. Nada que um eunuco tem pode me dar prazer. Sorte tua que, sendo castrado, mesmo os mais livres dentre os teus pensamentos não podem voar para longe do Egito. Tu tens desejos apaixonados?

Mardian – Sim, graciosa senhora.

Cleópatra – É mesmo?

Mardian – Não exatamente o mesmo, Alteza, porque não posso mesmo fazer nada que não seja estritamente casto. Assim mesmo, sinto fogosas paixões e imagino o que Vênus fez com Marte.[7]

Cleópatra – Ah, Charmian, onde tu achas que ele está agora? De pé, ou sentado? Ou caminhando? Ou andando a cavalo? Ah, cavalo feliz esse, que tem o peso de Antônio sobre si! Sê corajoso, cavalo, e deixa-te levar; sabes por acaso a quem tu estás

---

7. De acordo com a mitologia grega, Vênus, esposa de Vulcão, tinha Marte como seu amante. (N.T.)

levando? O semi-Atlas deste mundo, arma e elmo do homem aqui na Terra. Ele agora está falando, e sussurra uma pergunta: "Onde está a minha serpente do velho Nilo?". É assim que ele me chama. Eu agora me alimento do mais doce dos venenos: você deve estar pensando em mim, minha pele escura dos apertões amorosos do deus Febo,[8] minhas rugas inscritas no tempo. César,[9] testa larga, quando tu ainda não estavas debaixo da terra, eu era sobremesa para um monarca. E o grande Pompeu,[10] de pé, firme, deixava crescer o seu olhar no meu, em meu rosto ancorava a sua visão, e assim deixava-se morrer, contemplando o porquê de estar vivo.

Entra Alexas, vindo a mando de Antônio.

ALEXAS – Soberana do Egito, salve!

CLEÓPATRA – Como és diferente de Marco Antônio! Porém, como vieste a mando dele, aquele poderoso elixir da vida, com sua tintura universal, deixou-te dourado. Como vai indo o meu esplêndido Marco Antônio?

ALEXAS – A última coisa que ele fez, estimada rainha, foi beijar com o último de muitos e redobrados beijos esta pérola de brilho superior. As palavras dele, eu as trago cravadas no coração.

CLEÓPATRA – Meus ouvidos precisam arrancá-las daí.

---

8. O deus Febo é o sol. Na Inglaterra elisabetana, a pele escura dos egípcios era considerada esteticamente feia. (N.T.)

9. Júlio César. (N.T.)

10. Pompeu, o Grande, pai de Sexto Pompeu. (N.T.)

ALEXAS – "Meu bom amigo", disse ele, "diz que o romano fiel ao grande Egito envia este tesouro de uma ostra; aos seus pés, para compensar presente tão pequeno, enriquecerei seu opulento trono com reinos e mais reinos. Diz-lhe que todo o Oriente passará a vê-la como sua dona e senhora." A isso ele assentiu com a cabeça e sobriamente montou um corcel emaciado pelas guerras, faminto por outra batalha, que relinchou tão alto que brutalmente emudeceu em mim o que eu tinha para falar.

CLEÓPATRA – E ele, como estava? Alegre ou triste?

ALEXAS – Como aquela época do ano entre os extremos de frio e calor, ele não estava nem alegre nem triste.

CLEÓPATRA – Ah, um homem de temperamento equilibrado! Repare bem, minha boa Charmian, repare bem: esse é ele mesmo; pode tomar nota. Não se mostrou triste, pois seu desejo é brilhar sobre os que modelam sua disposição conforme a dele; não se mostrou alegre, pois daria a entender que seu pensamento está no Egito; mas... entre uma coisa e outra. Ah, que mistura celestial! – Estejas alegre ou triste, a violência apaixonada de um ou de outro estado de espírito fica bem em ti, como em nenhum outro homem. – E tu, Alexas, te encontraste com os meus mensageiros?

ALEXAS – Sim, Alteza, uns vinte deles. Por que os envia assim de enfiada?

CLEÓPATRA – Ainda está por nascer o dia em que Antônio não terá notícias minhas. Papel e tinta, Charmian. Sê bem-vindo, meu bom Alexas. Diga-me, Charmian: será que eu cheguei a amar César tanto assim?

CHARMIAN – Ah, o esplêndido Júlio César!

CLEÓPATRA – Que você morra engasgada a próxima vez que disser isso com essa ênfase! Diga "o esplêndido Marco Antônio".

CHARMIAN – O corajoso Júlio César!

CLEÓPATRA – Por Ísis, juro que eu faço sangrar teus dentes se mais uma vez tu emparelhas César com o meu homem dentre os homens.

CHARMIAN – Suplico a graça de vosso perdão; minhas palavras apenas acompanham vossa música.

CLEÓPATRA – Em meus verdes anos, meu discernimento ainda cru, meu sangue ainda frio, era assim que eu falava. Mas, vamos lá, agora vai e me busca papel e tinta. Ele receberá todo dia uma saudação diferente, nem que para isso eu tenha que despovoar o Egito.

Saem.

SEGUNDO ATO

CENA I

Provavelmente Sicília.

Entram Pompeu, Menécrates e Menas, armados para a guerra.

POMPEU – Se os deuses mais poderosos forem justos, não se negarão a assistir os atos dos mais justos homens.

MENAS – Saiba, valoroso Pompeu, que uma demora na resposta dos deuses não significa uma recusa.

POMPEU – Enquanto somos suplicantes diante de seus tronos, vai se arruinando a coisa pela qual suplicamos.

MENAS – Ignorantes de quem somos, muitas vezes nós imploramos pelo que nos será danoso, coisa que as forças sábias nos negam para nosso próprio bem; então descobre-se que saímos lucrando ao não serem atendidas as nossas preces.

POMPEU – Hei de me sair bem. O povo me ama, e o mar é meu. Meu poder de fogo é cada vez maior, e minha esperança prediz que será o maior de todos. Marco Antônio abancou-se no Egito, onde está comendo bem, e não vai guerrear fora de casa. Onde ganha dinheiro, Otávio César perde o amor do povo. Lépidus bajula os dois, e pelos dois é bajulado; mas ele não tem amor nem a um, nem a outro, e tampouco aqueles dois se importam com ele.

Menas – César e Lépidus estão no campo de batalha. Comandam um exército de muita força.

Pompeu – De onde você tirou isso? Não é verdade.

Menas – Sílvio foi quem me disse, sir.

Pompeu – Está sonhando, ele, pois eu sei que os dois estão em Roma, juntos, aguardando a chegada de Antônio. – Que todos os feitiços de amor na mulher lúbrica que és te amaciem os lábios murchos, Cleópatra! – Que se junte bruxaria à beleza, e luxúria também, e que essas três prendam o libertino no campo dos prazeres, e que seu cérebro ceda aos vapores do vinho. Cozinheiros epicúrios, inventem molhos irresistíveis, que tornem ainda mais agudo o apetite dele! Que o sono e a comida possam adiar nele qualquer ideia de honradez, até que a letargia típica de quem bebeu do rio Letes[11]...

[Entra Várrius.]

E então, Várrius?

Várrius – Não há dúvidas quanto às notícias que trago: Marco Antônio é esperado em Roma a qualquer hora. Desde que saiu do Egito, já se passou tempo mais que suficiente para chegar aqui.

Pompeu – Eu preferia ter emprestado meus ouvidos a assunto de menor importância. Menas, eu não imaginei

---

11. Um dos cinco rios do Inferno; os mortos (suas almas) que bebessem das águas do Letes não mais se lembrariam de seu passado na Terra. (N.T.)

que esse devasso apaixonado fosse vestir o elmo para guerra tão insignificante. Ele tem duas vezes mais habilidade militar que os outros dois. Mas podemos elevar a opinião que temos de nós mesmos: nossa movimentação consegue arrancar do colo da viúva do Egito aquele Antônio que não se cansa de umas libertinagens.

MENAS – Não tenho esperanças de ver César e Antônio em encontro amigável. A falecida esposa de Antônio ofendeu César; seu irmão lutou contra ele, embora eu pense que não incentivado por Antônio.

POMPEU – Não entendo, Menas, como poderiam pequenas desavenças dar margem a grandes inimizades.[12] Não fosse o fato de nos posicionarmos nós contra todos eles, os dois já estariam lutando entre si, pois motivos não faltam para que eles empunhem espadas um contra o outro. Mas até que ponto o medo de nossa presença pode enterrar suas diferenças e pôr um fim às rixas menores entre eles, isso nós ainda não sabemos. Que seja como os nossos deuses quiserem! Mas é com a máxima força de nossas mãos que defenderemos as nossas vidas. Vamos, Menas.

Saem.

12. Um dito proverbial em língua inglesa diz algo no sentido de que são as grandes inimizades que dão margem a pequenas desavenças. (N.T.)

CENA II

Roma.

Entram Enobarbo e Lépidus.

Lépidus – Meu bom Enobarbo, é um ato de valor, e seria digno da sua pessoa, pedir ao seu comandante que use das palavras com moderação e tolerância.

Enobarbo – Pedirei a ele que, ao dar respostas, seja ele mesmo. Se ficar irritado com César, que o mire de alto a baixo e fale tão alto e tão irado quanto Marte, o deus da guerra. Por Júpiter: se eu fosse Antônio, não raspava a barba hoje, para ver se a puxam em provocação.[13]

Lépidus – Agora não é hora para ressentimentos.

Enobarbo – Toda hora é boa para uma questão que nasce do momento.

Lépidus – Mas questões menores devem dar vez a questões maiores.

Enobarbo – Não se a menor vem em primeiro lugar.

Lépidus – São palavras apaixonadas, as suas; reze para que não se reacenda o borralho. Aí vem ele, o nobre Antônio.

Entram Antônio e Ventídio, conversando entre si.

Enobarbo – E, mais adiante, vem César.

Entram César, Mecenas e Agripa por outra porta, também conversando.

Antônio – Se chegarmos a um acordo aqui, seguimos para Pártia. Escuta, Ventídio.

---

13. Puxar a barba de alguém era um grave insulto. (N.T.)

Eles conversam entre si, à parte.

César – Eu não sei, Mecenas. Pergunte a Agripa.

Lépidus – Meus nobres amigos, é de suma importância o que nos uniu. Que nenhuma ação de menor peso venha nos dividir. Que se escutem com cordialidade os assuntos desfavoráveis. Quando debatemos em voz alta uma diferença trivial entre nós, estamos matando na tentativa de cicatrizar feridas. Assim é que, nobres companheiros, e tanto mais porque estou lhes implorando com veemência, tratem em termos muito suaves os pontos muito sensíveis, e não deixem inflamar com imprecações os pontos de atrito.

Antônio – Está muito bem posto. Mesmo que estivéssemos diante de nossos exércitos, prestes a entrar em combate, assim é como eu procederia.

Fanfarra.

César – Bem-vindo a Roma.

Antônio – Obrigado.

César – Sente-se.

Antônio – Sente-se o senhor, César.

César – Pois muito bem.

Sentam-se.

Antônio – Fiquei sabendo que o senhor toma como ofensivas coisas que não o são ou, em sendo, não dizem respeito à sua pessoa.

César – Eu seria motivo de riso se, por nada ou por muito pouco, fosse me sentir ofendido, ainda mais pelo senhor, dentre todos os homens; motivo de mais riso ainda se alguma vez eu fosse empregar o seu nome de modo depreciativo quando pronunciar o seu nome não diz respeito à minha pessoa.

ANTÔNIO – O fato de eu ter ficado no Egito, César, o que significou para você?

CÉSAR – Não mais do que o fato de eu residir aqui em Roma pode ter significado para você no Egito. Contudo, se lá no Egito você conspirou contra o meu poder, o fato de você ter ficado no Egito pode muito bem ser uma questão minha.

ANTÔNIO – O que você quer dizer com "conspirou"?

CÉSAR – O senhor vai se sentir obrigado a perceber o sentido de minhas palavras se pensar no que me aconteceu aqui. Sua esposa e seu irmão entraram em guerras contra mim, e o litígio deles foi conduzido em seu nome. "Antônio" era o grito de guerra.

ANTÔNIO – O senhor tem informações equivocadas. Meu irmão jamais usou meu nome para guerrear. Eu mesmo estive me informando sobre isso, e inteirei-me do assunto com fontes fidedignas, que lutaram no seu exército contra meu irmão. Não é fato que ele desacreditou minha autoridade juntamente com a sua e lutou contra os meus interesses, tendo eu tanta razão quanto você para estar desgostoso? Disso minhas cartas para o senhor tratavam em detalhe. Se o seu desejo é remendar uma desavença, procure algum retalho melhor e maior, pois esse não serve.

CÉSAR – Você se vangloria ao me imputar falhas de julgamento, mas suas desculpas eram esfarrapadas.

ANTÔNIO – Esfarrapadas coisa nenhuma. Estou certo de que ao senhor não pode ter escapado (e disso eu não tenho dúvidas) o pensamento necessário de que eu, seu aliado na causa contra a qual lutou meu irmão, não poderia lançar um olhar favorável àquelas guerras que vinham de encontro à minha própria paz. Quanto à minha mulher, queria que o senhor encontrasse tal espírito em uma esposa sua. Um terço do mundo é seu, e o senhor pode levá-lo pelas rédeas, mas não se leva pelas rédeas uma esposa assim.

ENOBARBO – Ah, se pudéssemos todos ter esposas assim! Os homens poderiam ir à guerra com suas mulheres!

ANTÔNIO – Tão sem freios os excessos dela, César, feitos de impaciência (à qual não faltava esperteza política), que eu pesaroso reconheço: causaram-lhe muita dor de cabeça. Quanto a isso, basta você dizer que eu não pude evitar.

CÉSAR – Eu lhe escrevi quando você estava em Alexandria, festeando. Você enfiou no bolso as cartas e, com sarcasmo, recusou-se a receber em audiência o meu mensageiro.

ANTÔNIO – César, ele se chegou a mim antes de ser admitido em audiência. Naquele momento, eu acabara de banquetear três reis e não era nem sombra de quem eu sou pela manhã. Mas, no dia seguinte, eu me expliquei a ele, o que foi o mesmo que pedir desculpas. Ele é irrelevante para o nosso acerto de contas, senhor; deixe esse sujeito fora de nossa contenda.

César – O senhor deixou de cumprir os termos de nosso juramento, e de mim o senhor jamais poderá falar tal coisa.

Lépidus – Calma, César!

Antônio – Não, Lépidus, deixe-o falar. A honra é sagrada, esta da qual ele está falando, na suposição de que eu não a tenho. Mas, continue, César: os termos de meu juramento.

César – Emprestar-me armas e reforço quando eu os solicitasse, e as duas coisas o senhor me negou.

Antônio – Negar, não; penso que as negligenciei. E foi somente quando aquelas horas de paralisia embriagada me deixaram sem eu saber quem era. Farei todo o esforço possível para penitenciar-me diante de vós, mas minha honestidade não estará em nada diminuindo minha grandeza, e minha autoridade não deixará de ser honesta. A verdade é que Fúlvia, para tirar-me do Egito, fez guerras aqui, pelas quais eu mesmo, ignorante de ser a causa delas, venho pedir-vos perdão, curvando-me diante de vós o tanto quanto me permite a minha dignidade.

Lépidus – Falou com grande nobreza.

Mecenas – Eu lhes pediria o favor de não mais insistirem nas queixas que os divorciam um do outro. Esquecê-las seria lembrar que o momento presente urge, recomendando-lhes a reconciliação.

Lépidus – Palavras de grande valor, Mecenas.

Enobarbo – Se os senhores emprestarem um ao outro o seu amor, só por agora, quando não mais ouvirmos falar de Pompeu poderão desfazer o empréstimo. Terão tempo para discutir quando não tiverem mais o que fazer.

Antônio – Você é um soldado. Cale-se.

Enobarbo – Quase esqueço que a verdade deve ser muda.

Antônio – Você está insultando as nossas augustas pessoas; portanto, abstenha-se de falar.

Enobarbo – Pois, muito bem. Prossigam. Atenciosamente, Enobarbo (doravante, uma pedra).

César – Não é tanto o assunto que me desgosta; é mais o modo como ele fala. Não será possível continuarmos amigos, já que nossos temperamentos levam-nos a ações tão díspares. E, no entanto, se eu soubesse que amarração seria capaz de nos dar solidez e estabilidade, de um canto a outro do mundo eu iria no encalço dela.

Agripa – Com a sua licença, César.

César – Pode falar, Agripa.

Agripa – O senhor tem uma irmã (por parte de mãe), a muito admirada Otávia. O grande Marco Antônio está agora viúvo.

César – Não fale uma coisa dessas, Agripa. Se Cleópatra tivesse escutado, você seria repreendido, e com toda a razão, por sua grosseria.

Antônio – Eu não sou casado, César. Deixe-me ouvir o que mais Agripa tem a dizer.

Agripa – Para uni-los em eterna cordialidade, para torná-los irmãos e para amarrar com nó cego os seus corações, que Antônio tome por esposa Otávia, cuja beleza merece nada menos que o melhor dos homens por marido; a virtude de Otávia e seus dotes naturais falam de coisas inefáveis. Com esse casamento, ficariam anuladas todas as pequenas desconfianças que agora parecem grandes suspeitas e ficariam anulados todos os grandes temores que agora envolvem possíveis perigos. Algumas verdades poderiam ser recebidas como histórias inventadas, enquanto agora são recebidas como verdades algumas coisas que são metade invenção. O amor dela por vocês dois inspiraria o amor de um pelo outro e o amor de todos pelos dois. Perdoem-me o que lhes digo, mas este é um pensamento meu, não de agora mas longamente estudado, ideia ruminada pelo meu senso de dever.

Antônio – César deseja dizer alguma coisa?

César – Não até ele ouvir como Antônio ficou tocado pelo que se disse aqui.

Antônio – Se eu dissesse "Pois então, Agripa, que assim seja", que poder tem Agripa para fazer isso acontecer?

César – O poder de César, e o poder deste sobre Otávia.

Antônio – Eu sequer sonharia em colocar impedimentos a um propósito tão nobre como esse, e que se apresenta tão promissor! Dá-me tua mão, e assim ratificamos este ato de graça. De agora em diante, que governe os nossos afetos e que guie os nossos grandes desígnios um coração fraterno!

César – Tens a minha mão.

[Apertam-se as mãos.]

Entrego-te uma irmã sabendo que jamais irmão algum amou tão profundamente como eu. Que ela viva para unir nossos reinos e nossos corações; e que nunca mais nos abandone a nossa amizade.

Lépidus – Amém!

Antônio – Nunca me passou pela cabeça empunhar a espada contra Pompeu. Ele tem me prestado grandes favores, na verdade notáveis obséquios, nestes últimos tempos. Eu devo no mínimo agradecer, para que não fique de mim uma má lembrança. Isso feito, declaro-lhe guerra.

Lépidus – O tempo urge. Temos de procurar Pompeu, antes que ele nos procure.

Antônio – Onde ele está?

César – Perto do Monte Miseno.

Antônio – Qual o seu poder de fogo em terra?

César – Grande, e cada vez maior. Mas, no mar, ele é senhor absoluto.

Antônio – Essa é a fama. Queria eu tivéssemos conversado antes! Apressemo-nos, então. Porém, antes de nos vestirmos para a guerra, vamos dar despacho ao negócio que acertamos.

César – Com muita alegria, e eu o convido a visitar minha irmã, e vou levá-lo imediatamente a ela.

Antônio – Fazemos questão de sua companhia, Lépidus.

Lépidus – Nobre Antônio, nem a doença conseguiria me deter.

Fanfarra. Saem César, Antônio, Lépidus e Ventídio.

Ficam Enobarbo, Agripa e Mecenas.

Mecenas – Bem-vindo de volta do Egito, senhor.

Enobarbo – Valoroso Mecenas! Meu honrado amigo Agripa! Os dois que César traz no coração!

Agripa – Meu bom Enobarbo!

Mecenas – Temos com o que nos alegrar, agora que as questões foram digeridas, e bem digeridas. E você manteve suas bebedeiras lá no Egito.

Enobarbo – Sim, senhor: a luz do dia intimidava-se de nos ver dormindo, e corrompíamos as noites, fazendo-as iluminadas, leves, vaporosas.

Mecenas – Oito javalis assados inteiros em um desjejum para doze. Verdade?

Enobarbo – Isso é cocô de mosca, se comparado com os voos de uma águia. Nós tivemos banquetes monstruosos, desmedidas mesas, coisas dignas de nota.

Mecenas – Se for verdade o que dizem dela, é uma mulher magnífica.

Enobarbo – Assim que conheceu Marco Antônio, ela embolsou o rijo coração dele, ali mesmo, no rio Cidno.

Agripa – Onde ela fez uma aparição triunfal. Ou isso foi coisa que meu informante inventou muito bem inventado.

Enobarbo – Eu lhes conto como foi. A barca onde ela vinha sentada esbraseava como um trono lustroso sobre as águas. A popa era de ouro batido; as velas, púrpura; e tão perfumadas que os ventos perdiam-se de amor por elas. Os remos de prata seguiam o ritmo das flautas e batiam nas águas; as águas corriam com mais pressa e perseguiam os remos, enamoradas de seus golpes. Quanto a ela, estava simplesmente indescritível: recostada sob um dossel de brocado de ouro, mais linda que uma imagem de Vênus onde se vê a imaginação do artista superando a natureza. De cada lado, rapazinhos bonitos, bochechudos, imitando dois cupidos sorridentes, com abanos multicoloridos que faziam acender as faces que refrescavam, refazendo o que desfaziam.

Agripa – Mas é uma visão rara para Antônio!

Enobarbo – Suas damas de companhia, como as nereidas, atendiam ao menor comando dos olhos dela, e os movimentos dessas muitas sereias ornamentavam a barca. Ao leme, outra sereia. Aquelas mãos, macias como pétalas, ágeis no manejo de linhas e cordas, com seu toque faziam inchar o velame de seda. Desde a barca, um perfume invisível e novo atinge as margens do rio. A cidade joga o seu povo às ruas para vê-la; e Antônio, sentado em seu trono na praça pública, ficou sozinho, assobiando para o ar que, se não fosse fazer falta, também teria ido olhar Cleópatra, criando um vácuo na natureza.

Agripa – Mas é uma egípcia esplêndida!

Enobarbo – No que ela desembarcou, Antônio mandou buscá-la com um convite para o almoço, ao que ela respondeu que melhor seria ele ser o convidado dela; disto ela fazia questão. O nosso Antônio, muito cortês, de quem mulher alguma ouviu um "não", barbeia-se dez vezes, vai à ceia e, em vez de simples comida e bebida, paga com o coração por aquilo que só seus olhos devoraram.

AGRIPA – Mas é uma realeza muito feminina! Ela fez o grande Júlio César deitar a espada na cama. Ele a cultivou, e ela colheu o fruto de uma safra.[14]

ENOBARBO – Eu a vi um dia, correndo coisa de quarenta passos em rua pública. Depois de perder o fôlego ela falou, e ofegou, de modo a transformar o problema em um charme, exalando fascínio e força na falta de ar.

MECENAS – E agora Antônio precisa abandoná-la.

ENOBARBO – Jamais. Ele nunca fará isso. A idade não a deixa fenecer, e nem de tão gastos perdem a graça os seus infinitos truques. Outras mulheres abrem apetites e empanturram, mas ela faz ficar sempre mais faminto a quem ela mais satisfaz. Sabe-se que as coisas mais vis tornam-se atraentes nela, e os santos sacerdotes abençoam-na quando ela se mostra uma devassa.

MECENAS – Se beleza, sabedoria e modéstia podem apaziguar o coração de Antônio, então Otávia é o prêmio maior.

AGRIPA – Vamos andando. Meu bom Enobarbo, seja meu hóspede durante sua estada aqui.

ENOBARBO – Humildemente, senhor, eu lhe agradeço.

Saem.

---

14. Dizia-se que Cesário, o filho de Cleópatra, era filho de Júlio César. (N.T.)

CENA III

Roma.

Entram Antônio, César e Otávia entre os dois.

Antônio – O mundo e a grandeza de meu ofício irão por vezes chamar-me para longe de seu seio.

Otávia – Tempo em que diante dos deuses estarei curvada, de joelhos, rezando por você.

Antônio – Boa noite, senhor. – Minha Otávia, não interprete os meus defeitos conforme o que falam de mim. Minha vida nunca seguiu uma linha reta, mas de agora em diante tudo será feito dentro dos ditames. Boa noite, minha cara.

Otávia – Boa noite, senhor.

César – Boa noite.

Sai com Otávia.

Entra o Adivinho.

Antônio – Boa noite, lacaio. Estar de volta no Egito era o que o senhor queria, não?

Adivinho – Queria era nunca ter saído de lá! E que vós jamais tivésseis ido até lá!

Antônio – E por que razão, se me faz o favor?

Adivinho – Essa razão, eu posso vê-la nos movimentos de minha alma, embora não saiba colocá-la em palavras; mas vós deveis voltar ao Egito, e logo.

Antônio – Diga-me: a sorte sorri mais para César ou para mim?

Adivinho – César. Por isso, ó Antônio, não vos deixeis ficar ao lado dele. O demônio que vos protege é nobre e corajoso, é um alto espírito, inigualável, mas o demônio de César não é assim. Perto dele, vosso anjo da guarda fica temeroso, como que subjugado. Portanto, deixai suficiente distância entre vós.

Antônio – Nem mais um comentário sobre isso.

Adivinho – A ninguém falarei, mas a vós; e nunca mais falarei, se não a vós. Se jogardes contra ele, qualquer que seja o jogo, perdereis. Por causa dessa sorte natural, ele vos derrotará mesmo contra todas as probabilidades. Vosso lustro embaça quando ele está perto para brilhar. Eu vos digo uma vez mais: vosso espírito protetor, quando perto dele, tem medo de vos servir de guia. Mas, quando ele está longe, é um espírito nobre.

Antônio – Vá-se embora daqui. Diga a Ventídio que desejo falar-lhe.

[Sai o Adivinho.]

Ele vai para Pártia. Por sua arte ou por um acaso, ele falou a verdade. Os dados obedecem a César, e nos nossos esportes o meu melhor preparo desaparece diante de sua sorte. Sempre que há um sorteio, ele ganha. Seus galos de briga sempre vencem os meus, mesmo quando um galo meu é o franco favorito. Suas codornas sempre ganham na rinha, até quando a minha codorna está levando vantagem. Irei para o Egito. Embora aceite esse casamento para ter paz na minha vida, o meu prazer está mais no oriente.

[Entra Ventídio.]

Ah, venha cá, Ventídio. Você deve partir. Sua nomeação de comandante em Pártia está pronta. Venha comigo para recebê-la.

Saem.

CENA IV

Roma.

Entram Lépidus, Mecenas e Agripa.

Lépidus – Não precisam mais se incomodar com as coisas por aqui. Peço-lhes que apressem os seus generais.

Agripa – Senhor, Marco Antônio deseja apenas beijar Otávia, e então partiremos.

Lépidus – Então me despeço dos senhores, e da próxima vez quero vê-los em seus trajes de combate, que, por sinal, vão lhes ficar muito bem.

Mecenas – Conforme concebi a jornada, deveremos chegar ao Monte Miseno antes do senhor, Lépidus.

Lépidus – O caminho dos senhores é mais curto. Meus propósitos levam-me a dar uma volta grande. Vocês chegarão dois dias antes de mim.

Mecenas, Agripa – Senhor, boa sorte!

Lépidus – Adeus.

Saem.

CENA V

Alexandria.

Entram Cleópatra, Charmian, Iras e Alexas.

Cleópatra – Deem-me música; música, triste alimento nosso, dos que se envolvem em negócios do amor.

Todos – Música, vamos lá!

Entra Mardian, o eunuco.

Cleópatra – Deixem. Vamos ao bilhar. Venha, Charmian.

Charmian – Meu braço está doído. É melhor a senhora jogar com Mardian.

Cleópatra – Dá na mesma, uma mulher divertindo-se com um eunuco ou com outra mulher. Venha, meu senhor: joga comigo?

Mardian – O melhor que eu puder, minha senhora.

Cleópatra – Quando ele se apresenta com boa vontade, muito embora ele se acabe antes da hora, o ator pode pedir perdão. Perdi a vontade. Quero minha vara de pescar; vamos até o rio. Lá, com minha música tocando ao longe, vou enganar os peixes de escamas escuras. Meu anzol irá perfurar-lhes as mandíbulas viscosas e, enquanto eu os fisgo para fora d'água, estarei vendo em cada um deles um Antônio e direi: "Arrá! Pego!".

Charmian – Foi divertido quando a senhora apostou que pescava melhor, quando o seu mergulhador pendurou um peixe salgado no anzol dele, um bicho mole e murcho que ele tirou da água com muito entusiasmo.

CLEÓPATRA – Aquela vez? Ah, bons tempos! Eu ri até ele perder a paciência, e à noite eu ri até ele recobrar a paciência, e no outro dia de manhã, antes das nove, fiz ele beber até cair na cama. Então eu o adornei com minhas tiaras e mantos, eu mesma usando sua espada da batalha de Filipos.

[Entra um Mensageiro.]

Ah, da Itália! Vamos lá, crava essa tua frutuosa novidade nos meus ouvidos, que há muito tempo estão secos.

MENSAGEIRO – Senhora, senhora...

CLEÓPATRA – Antônio está morto! Se disseres isto, vilão, tu matas tua senhora. Mas se me garantes que ele está bem e não é prisioneiro de César, receberás ouro e, aqui, minhas veias mais azuis eu te as dou a beijar; esta é a mão tocada pelos lábios de reis que a beijaram e estremeceram.

MENSAGEIRO – Em primeiro lugar, senhora, ele está bem.

CLEÓPATRA – Ora, então aí tens mais ouro. Mas, meu rapaz, note bem: quando falamos dos mortos, dizemos que eles estão bem. Se é isto o que vais dizer, o ouro que te ofereço eu mesma derreto e derramo em tua garganta malfalante.

MENSAGEIRO – Minha boa senhora, escute-me.

CLEÓPATRA – Muito bem, vamos lá, que eu escuto. Mas não está boa a tua expressão; se Antônio não caiu prisioneiro e goza de boa saúde... uma cara tão azeda para trombetear as boas novas! Se ele não está bem, tu devias ter chegado aqui como uma das Fúrias, a cabeça coroada de cobras, e não nessa tua forma humana de sempre.

MENSAGEIRO – A senhora poderia me ouvir, por favor?

CLEÓPATRA – Minha vontade é de te estapear antes que tu fales. Mas, se tu me dizes que Antônio está são e salvo, é amigo de César e não seu prisioneiro, eu te banharei em chuva de ouro e em chuva de pérolas.

MENSAGEIRO – Senhora, ele está bem.

CLEÓPATRA – Falaste bem.

MENSAGEIRO – E é amigo de César.

CLEÓPATRA – És um homem de valor.

MENSAGEIRO – César e ele estão mais amigos que nunca.

CLEÓPATRA – Vais tirar uma fortuna de mim.

MENSAGEIRO – Mas, minha senhora...

CLEÓPATRA – Eu não gosto desse "mas". Ele está amalgamando um metal barato ao ouro precedente. Que vergonha, esse "mas". "Mas" é um carcereiro trazendo de arrasto um malfeitor monstruoso. Eu te imploro, meu amigo, despeja em meus ouvidos a mercadoria que trouxeste, o bom e o ruim ao mesmo tempo: ele está amigo de César, está saudável, como tu dizes, e, conforme tu dizes, é um homem livre.

MENSAGEIRO – Livre, senhora? Não, eu não relatei tal coisa! Ele está preso a Otávia.

CLEÓPATRA – E que favor ele deve a Otávia?

MENSAGEIRO – O favor de deitar-se com ela.

CLEÓPATRA – Agora estou pálida, Charmian.

MENSAGEIRO – Senhora, ele está casado com Otávia.

CLEÓPATRA – Que te ataque a pestilência mais infecta!

Bate no Mensageiro, derrubando-o no chão.

MENSAGEIRO – Minha senhora, tenha calma.

CLEÓPATRA – O que foi que tu disseste?

[Bate nele.]

Sai daqui, vilão, homem horroroso, senão eu chuto os teus olhos como se fossem bolas e te arranco em tufos os cabelos da tua cabeça!

[Arrasta-o pelos cabelos, de um lado para outro.]

Tu vais ser chicoteado com arame, e tu vais ferver na salmoura, e tu vais arder no vinagre!

MENSAGEIRO – Minha graciosa senhora, eu só trouxe as notícias, eu não os uni em matrimônio.

CLEÓPATRA – Diz que não é verdade, e eu te dou uma província e assim faço um agrado ao teu destino. Os tapas que te dei servem para compensar o fato de teres me deixado furiosa, e ainda levas na barganha qualquer presente que tua modesta pessoa me pedir.

MENSAGEIRO – Ele está casado, senhora.

CLEÓPATRA – Canalha, já viveste tempo demais!

Puxa de uma faca.

Mensageiro – Então eu fujo. O que a senhora quer? Eu não fiz nada de errado.

Sai.

Charmian – Minha boa senhora, tente se conter. O homem é inocente.

Cleópatra – Há inocentes que não escapam de cair--lhes um raio na cabeça. Se o Egito afunda no Nilo, criaturas bondosas viram serpentes! Chame o escravo de volta. Posso estar louca, mas não mordo. Chame-o de volta!

Charmian – Ele está com medo.

Cleópatra – Não vou machucar o coitado.

[Mandam chamar o Mensageiro de volta.]

Estas mãos carecem de nobreza; atacaram pessoa inferior a mim, e quem causou isso tudo fui eu mesma.

[Entra o Mensageiro novamente.]

Venha cá, senhor. Embora seja honesto, nunca é bom trazer más notícias. Dê as boas novas em várias línguas, mas deixe que as notícias ruins falem por si mesmas ao serem apenas pressentidas.

Mensageiro – Cumpri com o meu dever.

Cleópatra – Ele está casado? Eu não vou te odiar mais do que já odeio se repetires que sim.

Mensageiro – Ele está casado, senhora.

Cleópatra – Os deuses estão acabando contigo. Mesmo assim, insistes em confirmar essa notícia?

Mensageiro – Devo mentir, senhora?

Cleópatra – Eu preferia, sim, ouvir de ti uma mentira. Mesmo que para isso metade do meu Egito submergisse e virasse uma cisterna para cobras forradas de escamas. Vai-te embora, sai daqui! Tivesses tu as feições de Narciso em teu rosto, ainda assim eu te acharia feio, hediondo. Ele está casado?

Mensageiro – Suplico de vossa alteza que me perdoe.

Cleópatra – Ele está casado?

Mensageiro – Não se ofenda, senhora, por eu não desejar ofendê-la. Castigar-me por fazer o que a senhora exige de mim parece-me tremendamente injusto. Ele está casado com Otávia.

Cleópatra – Ah, como o erro dele transforma a ti em um calhorda, tu, que não és o fato do qual tens certeza! Vai-te embora daqui. A mercadoria que me trouxeste de Roma me é muito cara. Põe tudo na tua mão, e que essa mercadoria fique encalhada e te arruíne.

Sai o Mensageiro.

Charmian – Paciência, Alteza.

Cleópatra – Elogiando Antônio, insultei César.

Charmian – Muitas vezes, senhora.

Cleópatra – Agora recebi a minha paga. Leve-me daqui. Vou desmaiar. Ah, Iras, Charmian! Não foi nada, já passou. Procure o sujeito, meu bom Alexas. Peça-lhe um relatório completo de Otávia: seus traços, sua idade, seu temperamento. Não esqueça de perguntar a cor de seu cabelo. Volte depressa com as respostas.

[Sai Alexas.]

Ele que se vá para sempre! Não, que ele não se vá, Charmian. Mesmo que por um lado ele seja descrito como uma das górgonas, por outro lado ele é Marte. *[Dirigindo-se a Mardian]* – Peça a Alexas que me informe da altura dela. – Pode sentir pena de mim, Charmian, mas não fale comigo. Leve-me até os meus aposentos.

Saem.

CENA VI

Próximo ao Monte Miseno.

Fanfarra. Entram Pompeu e Menas por uma porta, com tocadores de trombeta e de tambor. Por outra porta, entram César, Lépidus, Antônio, Enobarbo, Mecenas e Agripa, com Soldados em marcha.

Pompeu – Estou com os seus reféns, e você tem os meus. Convém que conversemos antes de entrarmos em combate.

César – É gesto muito digno, primeiro manejar palavras; por isso enviamos antecipadamente as nossas proposições por escrito. Se o senhor as considerou, informe-nos agora se elas podem segurar a sua espada descontente e levar de volta para a Sicília tantos jovens de coragem que, do contrário, acabarão morrendo aqui.

Pompeu – A vocês três, os únicos senadores deste vasto mundo, supremos enviados dos deuses, eis o que tenho a dizer-lhes: não sei por que haveria de faltar quem queira vingar-se em nome de meu pai, que teve amigos e um filho homem. Pois se até Júlio César, que depois de morto apareceu diante de Brútus em Filipos, teve vocês lutando por ele! O que será que moveu o pálido Cássio a conspirar? E aquele honorável romano, Brútus, por todos tido como respeitadíssimo, o que será que o induziu a afogar em sangue o Capitólio, juntamente com os outros homens armados, súditos da sedutora liberdade? Eles queriam que o homem fosse apenas um homem! Esta, a mesma razão que me fez montar a minha marinha de guerra, e agora o oceano furioso espuma sob o seu peso, e é com ela que pretendo açoitar a ingratidão que a desdenhosa Roma dedicou ao meu nobre pai.

César – Não temos pressa em ter uma resposta.

Antônio – Você não consegue nos meter medo, Pompeu, com os seus tantos barcos a vela. Teremos um diálogo em mar aberto. Em terra, você sabe o quanto nossa força é superior.

Pompeu – Em questões de terra, realmente, vocês são superiores: deixaram-me sem a casa de meu pai. Mas, vejam o exemplo do cuco, que não constrói o próprio ninho: permanecer na casa alheia é uma questão de tempo.

Lépidus – Faça o favor de dizer-nos (voltando ao nosso assunto de agora) como o senhor vê as ofertas que lhe enviamos.

César – Esta é a questão.

Antônio – Não lhe estamos suplicando que aceite, mas queremos que você pese bem o que vale a pena ser acatado.

César – E pese também as consequências que se seguirão de optar por um destino maior.

Pompeu – Vocês estão me oferecendo a Sicília e a Sardenha em troca de eu banir todos os piratas dos mares. Depois, devo enviar medidas de trigo a Roma. Isto acertado entre nós, devemos separar-nos sem que tenhamos feito uso de nossas espadas, e nos retiramos todos, sem marcas em nossos escudos.

César, Antônio, Lépidus – Essa é a nossa oferta.

Pompeu – Pois saibam que compareci hoje diante dos senhores um homem preparado a aceitar essa oferta. Contudo, Marco Antônio fez-me perder a paciência. Embora eu perca o mérito ao contar, quero que o senhor saiba: quando César e seu irmão enfrentavam-se em batalhas, a sua mãe foi para a Sicília, onde foi amistosamente recebida.

Antônio – Fiquei sabendo disso, Pompeu, e vim pronto a remediar essa situação: você tem os meus mais efusivos agradecimentos.

Pompeu – Dê-me a sua mão.

[Trocam um aperto de mãos.]

Não pensei, senhor, encontrá-lo aqui.

Antônio – As camas mais para o oriente são macias. Saí de lá antes do que pretendia, graças a você, e lucrei com isso.

César – Desde que o vi pela última vez, operou-se uma mudança em você.

Pompeu – Bem, eu não sei que marcas ganhou meu rosto com as contas da má fortuna, mas em meu peito essa senhora jamais entrará para fazer de meu coração seu vassalo.

Lépidus – Que belo encontro!

Pompeu – Assim espero, Lépidus. Então estamos acertados. Aguardo minha concordância ser lavrada e selada entre nós.

César – Esse é o próximo passo.

Pompeu – Devemos festejar-nos uns aos outros em banquetes comemorativos antes de partir. Vamos sortear quem será o primeiro.

Antônio – Serei eu o primeiro, Pompeu.

Pompeu – Não, Antônio, você entra no sorteio. Mas, primeiro ou último, a sua refinada culinária egípcia está fadada a ganhar merecida fama. Me disseram que Júlio César engordou de tanto se banquetear por lá.

Antônio – Você andou escutando demais.

Pompeu – Só estou dizendo que Júlio César engordou, nada mais.

Antônio – E escolheu as palavras exatas, nenhuma a mais.

Pompeu – Foi exatamente o que me foi dito. Também me disseram que Apolodoro carregou…

Enobarbo – Já basta. Foi isso mesmo.

Pompeu – Isso mesmo o quê?

Enobarbo – Carregou enrolada em um acolchoado uma certa rainha até Júlio César.

Pompeu – Estou te reconhecendo. Como é que tu estás, soldado?

Enobarbo – Estou bem, e logo vou estar melhor, pois vejo que temos quatro banquetes pela frente.

Pompeu – Deixa-me apertar tua mão. Jamais tive ódio à tua pessoa. Sempre que te vi lutar, invejei os teus movimentos.

Enobarbo – Senhor, eu nunca gostei muito de si, mas já elogiei o senhor um tantinho, quando na verdade o senhor merecia dez vezes mais elogios.

Pompeu – Isto: sê franco e sem cerimônias; não te fica nada mal. Convido a todos para que subam a bordo de minha galeota. Os senhores primeiro, por favor.

César, Antônio, Lépidus – Mostre-nos o caminho, senhor.

Pompeu – Sigam-me.

Saem. Ficam Enobarbo e Menas.

Menas *[à parte]* – O vosso pai, Pompeu, jamais teria feito esse trato. – O senhor e eu já nos encontramos antes.

Enobarbo – Acho que no mar.

Menas – Isso mesmo, senhor.

Enobarbo – Os senhores têm se saído muito bem em alto mar.

Menas – E os senhores, em terra.

ENOBARBO – Eu elogio todo homem que me elogia, mas não posso negar que tenha me saído bem em terra.

MENAS – Também não nego que me dou bem no mar.

ENOBARBO – Sim, temos aí algo que o senhor pode negar com vistas à sua própria segurança: o senhor tem sido um grande ladrão do mar.

MENAS – E o senhor, da terra.

ENOBARBO – Neste ponto eu nego meus serviços em terra. Mas dê-me aqui a mão, Menas. Se nossos olhos tivessem autoridade para tanto, aqui eles prendiam em flagrante dois ladrões em um beijo.

MENAS – A cara de um homem não tem truques, façam o que fizerem as suas mãos.

ENOBARBO – Mas não existe mulher bonita que tenha um rosto sem truques.

MENAS – Longe de mim caluniar, mas elas roubam corações.

ENOBARBO – Nós viemos até aqui para entrar em combate com vocês.

MENAS – De minha parte, acho pena que tudo termine em bebedeira. Hoje Pompeu riu e jogou fora a sua boa sorte.

ENOBARBO – Se foi isso o que ele fez, por certo não poderá chorar para recuperá-la.

MENAS – Agora o senhor disse tudo. Não esperávamos encontrar Marco Antônio aqui. Diga-me: ele está casado com Cleópatra?

ENOBARBO – O nome da irmã de César é Otávia.

Menas – Verdade, senhor. Era a esposa de Caio Marcelo.

Enobarbo – E agora é a esposa de Marco Antônio.

Menas – O que foi que o senhor disse?

Enobarbo – É verdade.

Menas – Então César e ele estão unidos para sempre.

Enobarbo – Se me pedissem para vaticinar sobre essa união, eu não diria tal coisa.

Menas – Eu diria que uma política com tal propósito teve mais a ver com esse casamento que o amor entre as partes.

Enobarbo – Sou da mesma opinião. Mas o senhor verá que o mesmo laço que parece amarrar essa amizade vai acabar estrangulando as intenções amistosas: Otávia é cheia de gestos santos, silenciosos, contidos.

Menas – Quem não gostaria de ter uma esposa assim?

Enobarbo – Não um homem que não seja ele mesmo assim; por exemplo, Marco Antônio. Ele voltará para o seu prato egípcio. E então teremos os suspiros de Otávia insuflando o fogo em César e, como eu já disse, o que é agora a força da amizade entre eles irá revelar-se o autor primeiro de suas diferenças. Antônio vai aproveitar o seu amor onde ele está. Aqui ele casou foi com seu interesse imediato.

Menas – E pode ser que assim seja. Vamos indo. O senhor vai subir a bordo? Quero brindar à sua saúde.

Enobarbo – Eu aceito, sir. Exigiram muito de nossas gargantas no Egito.

Menas – Então vamos andando.

Saem.

CENA VII

A bordo da galeota de Pompeu.

Música está tocando. Entram dois ou três Serviçais com os doces, frutas e vinhos para que os convidados se banqueteiem.

PRIMEIRO SERVIÇAL – Olha que eles já estão chegando, homem. Alguns têm os pés mal e mal plantados na terra; um ventinho, por mínimo que seja, derruba esses daí.

SEGUNDO SERVIÇAL – Lépidus está com a cara vermelha.

PRIMEIRO SERVIÇAL – Os outros enchiam o copo de Lépidus e faziam um brinde à paz, enchiam o copo de Lépidus e faziam um brinde à sua saúde...[15]

SEGUNDO SERVIÇAL – Conforme eles usam as palavras para se cutucarem, Lépidus grita um basta, pede paz, promove a reconciliação de um com o outro e dele mesmo com a bebida.

PRIMEIRO SERVIÇAL – Mas isso cria animosidades entre ele mesmo e sua discrição.

SEGUNDO SERVIÇAL – Ora, mas isso é o que dá, ter só nome quando se está na companhia de grandes homens. Eu ainda prefiro ter um caniço que me sirva de alguma coisa em vez de ter uma lança que não consigo nem levantar.

PRIMEIRO SERVIÇAL – Ser chamado para estar nas altas esferas e não conseguir se movimentar nelas é como

---

15. O costume romano mandava a pessoa homenageada com um brinde esvaziar o copo. (N.T.)

não ter os olhos nos buracos onde eles deviam estar; teu rosto vira um desastre digno de pena.

Toque de cornetas. Entram César, Antônio, Pompeu, Lépidus, Agripa, Mecenas, Enobarbo, Menas, com outros Capitães e um Menino.

Antônio *[dirigindo-se a César]* – E assim eles fazem, senhor: calculam a cheia do Nilo de acordo com certas escalas marcadas na pirâmide; então eles sabem, conforme o ponto é alto, médio ou baixo, se aquele ano vai ser de abundância ou de escassez. Quanto mais o Nilo subir, mais promissor, porque, à medida em que ele volta ao seu leito, os plantadores espalham seus grãos na lama e no lodo e pouco tempo depois já podem voltar para a colheita.

Lépidus – Lá tem estranhas serpentes; sabiam disso?

Antônio – Sim, Lépidus.

Lépidus – Nós temos a serpente do Egito se criando no lodaçal por causa que nós temos o sol agindo em cima; e nós temos o crocodilo do mesmo jeito.

Antônio – Do mesmo jeito.

Pompeu – Sentem-se, e tomem um pouco de vinho. Um brinde a Lépidus: saúde!

Eles se sentam e bebem.

Lépidus – Não me sinto tão bem como devia; mas, se é um brinde, estou aqui e estou bem aceso.

Enobarbo – Só até ir para a cama; mas aposto que o homem se apaga antes.

Lépidus – Com certeza me contaram que as pirâmides dos Ptolomeuses são coisa muito da boa. Isso eu ouvi sem exceção.

Menas *[à parte, dirigindo-se a Pompeu]* – Pompeu, uma palavrinha.

Pompeu *[à parte, dirigindo-se a Menas]* – Me diga aqui no ouvido. O que é?

Menas *[sussurrando no ouvido de Pompeu]* – Capitão, eu lhe peço encarecidamente: abandone o seu lugar e escute-me com atenção.

Pompeu *[à parte, dirigindo-se a Menas]* – Espera um pouquinho... Este vinho nós vamos beber à saúde de Lépidus!

Lépidus – Que tipo de coisa é o crocodilo?

Antônio – Ele tem a forma, senhor, dele mesmo, e a largura dele é o quanto ele tem de largo. Já na altura, não pode ser mais alto do que é, e usa os órgãos que tem para se movimentar. Vive daquilo de que se alimenta e, assim que os quatro elementos o abandonam, sua alma transmigra.

Lépidus – De que cor ele é?

Antônio – De sua própria cor, também.

Lépidus – É uma serpente estranha.

Antônio – E é mesmo. E ele chora lágrimas de crocodilo.

César – Será que ele vai ficar satisfeito com essa descrição?

Antônio – Com a quantidade de brindes que Pompeu ergueu à saúde dele? Só se ele fosse um epicuro.

Menas sussurra novamente.

Pompeu *[à parte, dirigindo-se a Menas]* – Mas que inferno, homem, dane-se! Ainda essa conversa? Vai-te embora! Procura uma corda e te enforca. – Cadê a taça que eu pedi?

Menas *[à parte, dirigindo-se a Pompeu]* – Nem que seja em consideração aos serviços que lhe prestei no passado, senhor, deve me escutar, senhor. Levante-se de seu banco.

Pompeu *[à parte, dirigindo-se a Menas]* – Acho que enlouqueceste.

[Levanta-se, e eles se afastam dos outros.]

Qual é o problema?

Menas – Sempre tirei o chapéu para a sua sorte.

Pompeu – Tu sempre me serviste com grande lealdade. O que mais queres me dizer? – Divirtam-se, senhores.

Antônio – É areia movediça, Lépidus. Afaste-se, ou você afunda.

Menas e Pompeu conversam à parte.

Menas – O senhor desejaria ser o dono do mundo?

Pompeu – O que estás dizendo?

Menas – Repito: o senhor desejaria poder mandar no mundo todo?

Pompeu – Como pode ser isso?

Menas – Mas imagine a possibilidade e, embora o senhor pense que sou pobre, sou eu o homem que vai lhe dar o mundo.

Pompeu – Bebeste tanto assim?

Menas – Não, Pompeu, nem toquei no meu copo. Vós sois, se assim o ousardes, o deus Júpiter na Terra. Tudo que o oceano banhar e tudo que o céu abarcar é vosso, se assim o quiserdes.

Pompeu – Me diz de que modo.

Menas – Esses três que dividiram o mundo entre si, esses três sócios, estão a bordo de vossa galeota. Permiti-me cortar as amarras e depois, ao sabor das ondas, permiti-me cortar-lhes as gargantas. Tudo que há será vosso.

Pompeu – Ah, mas sobre isso tu devias ter agido, e não conversado. Uma coisa dessas, de minha parte seria vilania; de tua parte... terias me prestado um bom serviço. Tu precisas saber o seguinte: o lucro não guia a minha honra. É o contrário. Quero que te arrependas de ter deixado tua língua trair o teu pensamento. Tivesses tu agido sem eu saber, eu depois teria achado a coisa bem-feita, mas agora devo condená-la. Larga dessa ideia e te agarra no vinho.

Volta para o banquete.

Menas *[à parte]* – Por conta disso, nunca mais sigo a vossa decadente sorte. Quem procura e não pega o que lhe é oferecido, jamais o encontrará novamente.

Pompeu – Um brinde a Lépidus! Saúde!

Antônio – Levem-no para terra firme. Este brinde sou eu que bebo por ele, Pompeu.

Enobarbo – Um brinde à sua saúde, Menas!

Bebem.

Menas – Enobarbo, seja bem-vindo!

Pompeu – Pode encher até transbordar.

Enobarbo – Esse aí, sim, Menas, é um homem forte.

Aponta para o Serviçal que sai carregando Lépidus.

Menas – Por quê?

Enobarbo – Carrega nos braços um terço do mundo, Menas; não está vendo?

Menas – Então um terço do mundo está bêbado. Quando estiverem assim os três terços, o mundo vai funcionar sem problemas.

Enobarbo – Beba mais, e o mundo vai girar sem problemas.

Menas – Vamos lá.

Pompeu – Isto aqui ainda não se compara com as festas da Alexandria.

Antônio – Mais tarde vai ficar parecido. Vamos lá, abrindo as pipas! Um brinde a César.

César – Eu declinaria de ser brindado mais uma vez. É coisa que vai contra a natureza, desinfetar o cérebro e perceber que ele fica ainda mais sujo.

Antônio – Seja um produto do seu tempo, um homem dos dias de hoje.

César – Eu respondo “seja dono do seu tempo, um homem todos os dias”. Prefiro jejuar quatro dias a beber tanto em um só.

Enobarbo *[dirigindo-se a Antônio]* – Meu bravo imperador, não está na hora de dançarmos as Bacanais

Egípcias e celebrar o vinho e comemorar esta nossa bebedeira?

Pompeu – Vamos a elas, meu bom soldado.

Antônio – Venham, vamos nos dar as mãos, até que o vinho nos vença e venha mergulhar nossos sentidos no Letes, o suave e delicado rio do esquecimento.

Enobarbo – Deem-se as mãos, todos. Que a música alta tome de assalto os nossos ouvidos, enquanto eu os posiciono; depois, o menino pode cantar. Cada homem deve sustentar na voz o refrão, com todo o volume de que são capazes os seus pulmões.

A música toca. Enobarbo posiciona todos de mãos dadas.

A canção

Menino *[cantando]*

Gordo monarca dos vinhos tintos, vinde ver-nos,
Semicerrados os vossos olhos. Nós queremos
Nossas mazelas em vossas pipas afogadas,
Nossas cabeças com vossas uvas adornadas.

Todos

Nossas taças ele enche e faz o mundo girar
Nossas taças ele enche e faz o mundo girar

César – O que mais vocês querem? Boa noite, Pompeu. Meu bom irmão, deixe-me levá-lo embora daqui. Nossos negócios são muito sérios e desaprovam estas frivolidades. Nobres senhores, é hora de nos separarmos. Como podem ver, ateamos fogo em nossas bochechas. Enobarbo, um homem tão forte, é mais fraco que o vinho, e a minha língua está enrolando as palavras na minha boca. Esta dança tonta e selvagem quase nos faz bailarinos e grotescos. Se não temos nenhum outro assunto a tratar, boa noite. Meu bom Antônio, sua mão.

Pompeu – Eu os desafio para uma bebedeira em terra.

Antônio – Desafio aceito. Ajude aqui, nos dê a mão.

Pompeu – Ah, Antônio, você tem a casa de meu pai. Mas, e daí? Nós somos amigos. Vem, desce, entra no bote.

Enobarbo – Cuidado, não vão cair.

[Saem todos, exceto Enobarbo e Menas.]

Eu não vou desembarcar, Menas.

Menas – Não, vamos até minha cabine. Esses tambores, essas trombetas, flautas! Ora! Que Netuno ouça nossas espalhafatosas despedidas a esses grandes sujeitos. Toquem música, ora! Que se danem, chega de tocar!

Soa uma fanfarra, com tambores.

Enobarbo – Ai, não. Aí vai o meu boné!

Ele joga o boné para o alto.

Menas – Ai, não. Vamos nós, meu nobre capitão.

Saem.

TERCEIRO ATO

CENA I

Oriente Médio.

Entra Ventídio, parecendo triunfante, com Sílio e outros romanos, oficiais e soldados, o corpo de Pácoro sendo carregado à frente.

VENTÍDIO – Pois agora, guerreiros de Pártia, temidos arremessadores de lanças, vocês sofreram nossos golpes. E agora o Destino, satisfeito, faz de mim o vingador da morte de Marco Crasso. Façam desfilar o corpo do filho do rei à frente de nosso exército. Saiba você, Orodes, rei de Pártia, que o seu filho Pácoro pagou por Marco Crasso.

SÍLIO – Nobre Ventídio, enquanto tua espada ainda está quente com sangue de Pártia, vai atrás dos fugitivos. Toma de surpresa as cidades, Média, Mesopotâmia, e os esconderijos para onde acorrem esses partianos debandados. Assim, o grande capitão, Antônio, certamente vai te colocar em triunfantes bigas e coroar-te a cabeça com guirlandas.

VENTÍDIO – Ah, Sílio, Sílio. Eu já fiz bastante. Em posição de menor patente, lembre-se disso, um homem pode chegar a atos que ficam sendo grandiosos além da conta. Então, aprenda o seguinte, Sílio: melhor deixar por fazer do que, por nossos atos, adquirir uma fama alta demais quando aquele a quem servimos não está por perto. César e Antônio sempre venceram mais batalhas para seus comandantes que para si mesmos. Sóssius, oficial de minha patente na Síria, lá comandou batalhas em nome de Antônio e rapidamente recebeu renome, sua fama aumentando a cada minuto; caiu no desagrado de Antônio. Quem na guerra faz mais do que o seu capitão, vira capitão de seu capitão. Uma das virtudes do soldado é ser ambicioso, e isto significa que ele vai escolher perdas em vez de ganhos que lhe venham obscurecer. Eu poderia, sim, fazer mais pelo bem de Antônio, mas isso iria ofendê-lo. Ele ofendido, meu desempenho desaparece.

Sílio – Tu tens, Ventídio, uma característica sem a qual ficam muito parecidos entre si um soldado e sua espada. Vais escrever para Antônio?

Ventídio – Vou comunicar-lhe muito humildemente o que foi feito em seu nome, essa palavra mágica de combate. Direi como os estandartes de Antônio e suas bem remuneradas tropas expulsaram do campo de batalha, como se fossem pangarés, os imbatíveis cavalos de Pártia.

Sílio – Onde ele está agora?

Ventídio – Seguiu para Atenas, onde devemos apresentar-nos diante dele o quanto antes, conforme nos permitir a pressa e o peso que temos de carregar conosco. – Andando, vocês aí! Em frente!

Saem.

CENA II

Roma.

Entram Agripa por uma porta e Enobarbo por outra.

AGRIPA – Não me diz que os irmãos se separaram. Partiram, eles?

ENOBARBO – Eles despacharam com Pompeu, e este já se foi. Os outros três estão selando seus acordos. Otávia, esta chora porque tem que deixar Roma. César está entristecido. E Lépidus, depois do banquete de Pompeu, anda pálido, esverdeado e, como diz Menas, anêmico como uma mulher.

AGRIPA – Esse é o meu Lépidus!

ENOBARBO – É coisa fina. E, ah, como ele gosta de César!

AGRIPA – Sim, mas e como ele adora Marco Antônio: com ardor!

ENOBARBO – César? Ora, é o Júpiter dos homens.

AGRIPA – Quem é Antônio? É o deus de Júpiter.

ENOBARBO – Falaste de César? Ah, homem incomparável.

AGRIPA – Ah, Antônio, vós sois pássaro: a fênix das Arábias!

ENOBARBO – Se quiserdes elogiar a César, dizei "César", e não é preciso dizer mais nada.

AGRIPA – De fato, ele cumulou os dois de formidáveis palavras elogiosas.

ENOBARBO – Mas ele tem mais amor a César; e, no entanto, é certo que ele ama Antônio. Ah! Esse amor que ele tem por Antônio, não há coração de escriba que o saiba pensar para depois contar em prosa, nem há língua de trovador que o saiba dizer para depois cantar em verso; não há poeta que saiba criar metáfora sobre esse amor, nem há astrólogo que lhe possa calcular a configuração zodiacal. Já no que se refere a César, é uma questão de ajoelhar-se: ajoelha diante dele e contempla-o em adoração.

Agripa – Ama os dois.

Enobarbo – Ele sendo um besouro para os dois, os dois são o esterco que o alimenta.

[Ouve-se o som das trombetas.]

Bem, estou sendo chamado de volta à montaria. Adeus, nobre Agripa.

Agripa – Você é um soldado de valor. Adeus, e boa sorte.

Entram César, Antônio, Lépidus e Otávia.

Antônio – O senhor não precisa continuar.

César – Você está levando consigo uma grande parte de mim; faça bom uso de mim. – Irmã, mostra ser a esposa que eu imagino que tu sejas, tanto que eu poderia passar nota promissória garantindo que és mulher íntegra e casta. – Meu nobre Antônio, tome este exemplo de virtude que se coloca entre nós como cimento na edificação de nossa amizade e não deixe que se transforme em aríete destruidor de nossa fortaleza, pois do contrário melhor seria sermos amigos sem esta intermediação, se não for para ela ser muito amada por nós, os dois.

Antônio – Não me deixe ofendido com sua desconfiança.

César – Era o que eu tinha a dizer.

Antônio – Mesmo que procure nas minúcias, você não encontrará motivo algum para confirmar seus temores. Que os deuses protejam César e façam com que os corações dos romanos venham ao encontro de seus propósitos! Agora queremos nos despedir.

César – Adeus, minha irmã querida. Que sejas feliz. Que os céus te favoreçam e conservem sempre animado o teu espírito! Adeus, e boa sorte!

Otávia – Meu nobre irmão! *[Chora.]*

Antônio – O mês de abril está nos olhos de Otávia: é a primavera do amor, o que essa chuva prenuncia. – Vamos lá, alegre-se.

Otávia *[dirigindo-se a César]* – Senhor meu irmão, tome conta da casa de meu esposo, e...

César – E o quê, Otávia?

Otávia – Prefiro falar em seu ouvido.

Ela sussurra algo a César.

Antônio – A língua não lhe obedece ao coração, e também não é o coração que lhe dá instruções à língua. Ela está feito pluma de cisne, perfeitamente equilibrada na mais alta onda da preamar, e não se inclina nem para um lado nem para o outro.

Enobarbo *[à parte, dirigindo-se a Agripa]* – Será que César vai chorar?

Agripa *[à parte, dirigindo-se a Enobarbo]* – Ele tem o rosto anuviado.

Enobarbo *[à parte, dirigindo-se a Agripa]* – Estaria pior se tivesse estrelas na testa[16]; como não é burro, reage feito homem.

Agripa *[à parte, dirigindo-se a Enobarbo]* – Ora, Enobarbo, quando Antônio encontrou Júlio César morto, ele chorou quase a ponto de urrar; e depois, quando encontrou Brútus morto em Filipos, também chorou.

Enobarbo *[à parte, dirigindo-se a Agripa]* – Naquele ano, realmente, ele sofria de secreção nos olhos inflamados; chorou as perdas de tudo o que ele destruiu de propósito. Acredite-me, a ponto de eu chorar também.

César – Não, minha querida Otávia, você terá notícias minhas, sempre. Meu tempo de vida não será mais duradouro que minha saudade de você.

Antônio – Vamos, senhor, deixe disso. Ainda vou competir consigo para ver quem tem amor mais forte. Olhe: agora eu tenho você *[abraçando-o]*; e agora, senhor, eu o solto e deixo-o com os deuses.

César – Adeus. Sejam felizes!

Lépidus – Que todas as estrelas juntas iluminem o vosso caminho!

César – Adeus! Adeus!

Beija Otávia.

Antônio – Adeus!

Soam as trombetas.

Saem em grupos separados.

---

16. Conforme o Dicionário Eletrônico Houaiss da Língua Portuguesa, a locução "ter estrelas na testa" significa "ser estúpido, ser tolo". (N.T.)

CENA III

Egito.

Entram Cleópatra, Charmian, Iras e Alexas.

CLEÓPATRA – Onde está o sujeito?

ALEXAS – Meio que com medo de vir até aqui.

CLEÓPATRA – Mas que bobagem!

[Entra o Mensageiro, como antes.]

Venha cá, meu senhor.

ALEXAS – Majestade, nem Herodes da Judeia, o assassino de criancinhas, ousa erguer o olhar diante da senhora a não ser que a senhora esteja bem satisfeita.

CLEÓPATRA – Ainda vou ter a cabeça desse Herodes. Mas, agora que Antônio se foi, através de quem eu poderia dar essa ordem? – O senhor, aproxime-se.

MENSAGEIRO – Sua graciosa Majestade!

CLEÓPATRA – Enxergaste Otávia?

MENSAGEIRO – Sim, venerável Majestade.

CLEÓPATRA – Onde?

MENSAGEIRO – Em Roma, senhora. Examinei-lhe bem o rosto, e a vi sendo conduzida entre o irmão e Marco Antônio.

CLEÓPATRA – É da minha altura?

MENSAGEIRO – Não, senhora.

CLEÓPATRA – E tu a ouviste falar? Ela tem voz aguda ou grave?

MENSAGEIRO – Sim, senhora, eu a ouvi falar. Tem a voz grave.

CLEÓPATRA – Isso não é bom. Ele não vai gostar dela por muito tempo.

CHARMIAN – Gostar dela? Ah, Ísis! Isso é impossível.

CLEÓPATRA – Também acho, Charmian. Uma conversa sem graça, e meio anã. Seu caminhar, será que é majestoso? Tenta lembrar, se é que já contemplaste majestade.

MENSAGEIRO – Ela se arrasta. Andando ou parada, é a mesma coisa. Tem o porte de um corpo sem vida, e mais parece uma estátua, coisa que não respira.

CLEÓPATRA – Tens certeza?

MENSAGEIRO – Se estou errado, não tenho olhos de quem sabe observar.

CHARMIAN – Ele está entre os três melhores observadores do Egito.

CLEÓPATRA – Ele é observador bastante hábil, pelo que estou vendo. Por enquanto, ela não tem nada de mais. O sujeito tem bom discernimento.

CHARMIAN – Eu diria "excelente".

CLEÓPATRA – Agora, me faz um favor: que idade tu dirias que ela tem?

MENSAGEIRO – Senhora, ela era viúva...

CLEÓPATRA – Viúva? Escutou isso, Charmian?

MENSAGEIRO – Calculo que tenha uns trinta anos.

CLEÓPATRA – Tens gravado na mente o rosto de Otávia? É comprido ou arredondado?

Mensageiro – Redondo, praticamente um círculo.

Cleópatra – Dizem que os de rosto redondo em sua grande maioria são uns tolos. – E o cabelo, de que cor é?

Mensageiro – Castanho, senhora. E tem a testa curta, mas tão curta que é um quase nada de testa.

Cleópatra – Toma o teu ouro. Tu não deves levar a mal a minha rispidez de antes. Vou precisar de teus serviços de novo. Negociar contigo, a meu ver, é muito conveniente. Vai, te apronta. Nossas cartas já estão escritas.

Sai o Mensageiro.

Charmian – Um homem digno.

Cleópatra – Sem dúvida. Eu me arrependo, e muito, de tê-lo maltratado. Mas, enfim, conforme ele diz, ao que parece, essa criatura não é lá grande coisa.

Charmian – Coisa nenhuma, senhora.

Cleópatra – O homem já viu majestade; ele deve saber.

Charmian – Que Ísis nos acuda se ele não viu majestade! Logo esse aí, servindo a senhora há tanto tempo!

Cleópatra – Eu ainda quero perguntar a ele outra coisa, minha boa Charmian. Mas não tem problema: você o trará à minha presença, lá onde estarei escrevendo. Vai dar tudo certo.

Charmian – Eu lhe garanto que sim, senhora.

Saem.

CENA IV

Atenas.

Entram Antônio e Otávia.

ANTÔNIO – Não, não, Otávia, não é só isso... Isso era desculpável, isso e outras mil coisas igualmente importantes. Mas ele declarou novas guerras contra Pompeu, redigiu o seu testamento e o leu em praça pública. Mal e mal sou mencionado. Quando, por força das circunstâncias, não podia deixar de me prestar homenagem, ele bafejou as palavras debilmente, com frieza. Disse um mínimo. Quando teve ocasião para me elogiar, não aproveitou o ensejo ou então falou entre os dentes.

OTÁVIA – Ah, meu marido e senhor, não acredite em tudo que lhe contam; se precisa acreditar, não se deixe tomar por ressentimentos. Se acontecer uma divisão, garanto-lhe que jamais ficou no meio de dois, e rezando por ambas as partes, mulher mais infeliz. Os bons deuses vão rir de mim quando eu dirigir a eles minhas preces: primeiro digo "Abençoai meu marido e senhor"; em seguida desmancho esta oração, bradando no mesmo tom "Abençoai meu irmão". Que vença o marido, que vença o irmão, rezo e arruíno a reza; não tem meio-termo entre estes extremos.

ANTÔNIO – Minha nobre Otávia, deixe o melhor de seu coração apontar o seu amor para um só norte: o ponto que mais busca preservá-lo. Se perco minha honra, perco a mim mesmo; melhor então seria eu não ser seu, a ser seu assim mutilado. Contudo, como você mesma requisitou, servirá de intermediadora. Neste meio tempo, minha dama, estarei ocupado com preparativos de guerra para tirar o brilho de seu irmão. Vá, depressa, para que se cumpram os seus desejos.

Otávia – Obrigada, meu marido. Que a força de Júpiter transforme a mim, tão fraca e tão frágil, em reconciliadora dos dois. Assistir a guerras entre vocês seria o mesmo que ver o mundo fender-se; a fratura exigiria como solda muitos homens mortos.

Antônio – Quando você descobrir quem começou isso, aponte o seu descontentamento nessa direção, pois os nossos defeitos jamais poderão ser tão iguais que possam afetar o seu amor de modo igual. Prepare a sua viagem; escolha você mesma os que irão acompanhá-la e disponha dos custos que seu coração achar por bem exigir.

Saem.

CENA V

Atenas.

Entram Enobarbo e Eros, que então se encontram.

Enobarbo – E então, Eros, meu amigo?

Eros – São estranhas as notícias que nos chegam, senhor.

Enobarbo – O que é, homem?

Eros – César e Lépidus declararam guerra contra Pompeu.

Enobarbo – Isso é notícia velha. Mas quem ganhou?

Eros – César, depois de haver usado Lépidus na guerra contra Pompeu, para logo em seguida negar essa parceria; não dividiu com Lépidus as glórias das batalhas. Não só isso, mas também acusou-o com base em antigas cartas escritas a Pompeu. E, com base em sua própria acusação e nada mais, manda capturá-lo. Assim é que o pobre triúnviro está preso, até que a morte venha alargar o seu confinamento.

Enobarbo – Então, mundo, vós tendes duas bocas, e não mais que duas bocas. Mesmo que jogueis a elas toda a comida que tens, elas irão se comer uma à outra. Onde está Antônio?

Eros – Caminhando nos jardins… assim… e chuta todo junco que vê pela frente, e grita "Lépidus… mas que idiota!" E quer a cabeça do oficial (de seu próprio exército) que matou Pompeu.

Enobarbo – Nossa grande esquadra está pronta para zarpar.

Eros – Para a Itália, e contra César. Mais uma coisa, Domítio: meu amo e senhor deseja vê-lo imediatamente. As notícias que trouxe, eu deveria deixá-las para depois.

Enobarbo – Com certeza, coisa muito ruim, mas… deixe estar. Leve-me até Antônio.

Eros – Venha comigo, senhor.

Saem.

CENA VI

Roma.

Entram Agripa, Mecenas e César.

César – Desprezando Roma, ele fez tudo isso e muito mais em Alexandria. E foi bem assim: em praça pública, em cima de uma tribuna toda em prata, Cleópatra e ele tomaram assento em tronos de ouro, assumiram seus lugares diante do povo. Aos pés deles sentavam-se Cesário, a quem eles chamam de filho do meu próprio pai,[17] e toda a prole ilegítima que a luxúria daqueles dois fabricou.[18] Ele dá a Cleópatra a posse do Egito por doação, com direito a governar, e faz dela rainha absoluta de Lídia, Chipre e Baixa Síria.

Mecenas – Tudo isso aos olhos do povo?

César – Na arena pública, onde ocorrem exibições, onde se praticam os esportes... Ali mesmo proclamou os filhos reis de reis: Grande Média, Pártia e Armênia foram para Alexandre[19]; a Ptolomeu[20] coube Síria, Cilícia e Fenícia. Naquele dia ela apareceu trajando as vestimentas da deusa Ísis e, segundo dizem, várias vezes vestiu-se assim para receber em audiências.

Mecenas – Deixem Roma ser informada disso.

---

17. Júlio César, em seu testamento, adotou Otávio [César], que era seu sobrinho-neto. (N.T.)

18. Cleópatra teve um casal de gêmeos, filhos de Marco Antônio. (N.T.)

19. O filho homem de Marco Antônio e Cleópatra. (N.T.)

20. O nome egípcio de Cesário, filho de Júlio César e Cleópatra. (N.T.)

Agripa – E Roma, já nauseada, tal é a insolência dele, agora vai retirar sua boa vontade em relação a ele.

César – O povo sabe disso; e agora recebeu acusações de Antônio.

Agripa – E quem ele acusa?

César – César, que espoliou Sexto Pompeu na Sicília, por não termos entregado a ele sua parte da ilha. Depois, ele diz que me emprestou alguns navios e que nós não os devolvemos. Por último, queixa-se de Lépidus ter sido deposto do Triunvirato e, isso feito, de termos retido todos os bens dele.

Agripa – Senhor, isso merece resposta.

César – Já foi feito, e o mensageiro já foi enviado. Observei que Lépidus tornou-se cruel demais, abusou de sua máxima autoridade e mereceu ser destituído. Pelo que eu conquistei, a parte dele está assegurada. Mas, então, da Armênia e dos outros reinos por ele conquistados, exijo a mesma coisa.

Mecenas – Ele jamais consentirá com isso.

César – Então também não se pode ceder aqui.

Entra Otávia com seu séquito.

Otávia – Ave, César, meu senhor! Salve, meu muito amado César.

César – E pensar que algum dia eu viria a te chamar de mulher rejeitada!

Otávia – Você não me chamou disso, e nem tem motivos para tal.

César – Por que chegas assim, de surpresa? A irmã de César não chegaria assim. A esposa de Antônio deveria ter um exército fazendo as vezes de escudeiro, e os relinchos dos cavalos anunciariam sua chegada muito antes de ela aparecer. As árvores do caminho estariam carregadas de homens, sua expectativa desmaiando de tanta saudade do que não tem. E mais: a poeira levantada por suas numerosas tropas deveria ter subido até o firmamento. Mas você chega a Roma como uma moça do mercado e sonega a ostentação pública de nosso amor por você. O amor que não se mostra corre o risco de passar despercebido. Nós devíamos ter ido ao seu encontro por mar e por terra, providenciando a cada etapa saudações cada vez maiores.

Otávia – Meu bom senhor, chegar assim não é algo que me tenha sido imposto; escolhi assim, por minha livre vontade. Meu marido e senhor, Marco Antônio, ao ouvir que você se preparava para a guerra, informou com essa notícia os meus ouvidos pesarosos, e por isso a ele implorei licença para retornar a Roma.

César – Licença que ele prontamente concedeu, dada a obstrução entre ele e sua luxúria.

Otávia – Não diga isso.

César – Tenho olhos grudados nele. O vento me dá notícias de tudo o que ele faz. Onde ele está agora?

Otávia – Em Atenas, senhor.

César – Não, minha maltratada irmã. Cleópatra acenou-lhe com boas-vindas. Ele entregou o seu império a uma prostituta, e agora estão recrutando para a guerra todos os reis de todas as terras. Ele já conseguiu reunir Boco, o rei da Líbia; Arquelau, rei da Capadócia; Filadelfos, rei da Paflagônia; o rei de Trácia, Adallas; o rei Mancho, da Arábia; o rei de Ponto; Herodes, da Judeia; Mitridates, rei de Comagena; Polemon e Amintas, os reis da Medeia e da Licaônia, e mais uma longa lista de cetros.

Otávia – Ai de mim, infeliz das infelizes, que tenho o coração dividido entre dois amigos que se atormentam um ao outro.

César – Seja bem-vinda, minha irmã. As suas cartas retiveram-nos em nosso avanço rápido para o campo de batalha, até percebermos duas coisas: como você estava sendo enganada e como estávamos nós correndo perigo por negligência. Alegre o seu coração, não se deixe abater por este momento que atropela o seu bem-estar com circunstâncias urgentes. Deixe que as coisas predeterminadas cumpram o seu destino sem lamentações. Bem-vinda a Roma. Nada me é mais importante. Você foi insultada, mais do que se pode imaginar, e os grandes deuses, para lhe fazer justiça, fazem de nós os seus ministros, juntamente com todos os que lhe têm amor. Você é sempre bem-vinda aqui, conosco. Que possamos ser um alívio e um consolo para você.

Agripa – Bem-vinda, senhora.

Mecenas – Bem-vinda, cara senhora. Todos os corações em Roma lhe têm amor e lastimam o que lhe aconteceu. Somente Antônio, o adúltero, colossal em seus atos abomináveis, seria capaz de dar-lhe as costas e entregar o poder de seu governo a uma rameira que grita contra nós.

Otávia – Será que é isso mesmo, senhor?

César – Com toda a certeza. Minha irmã, seja bem-vinda. Por favor, mantenha a calma, seja paciente. Minha irmã querida!

Saem.

CENA VII

Actium, na costa oeste da Grécia.

Entram Cleópatra e Enobarbo.

Cleópatra – Ainda acerto as contas contigo, podes ter certeza.

Enobarbo – Mas, por quê? Por quê? O que foi que eu fiz?

Cleópatra – Tu falaste contra a minha presença nesta guerra, e disseste que não era apropriado.

Enobarbo – Bem... e é? É?

Cleópatra – Ainda que não fosse guerra declarada contra nós, por que não deveríamos estar lá pessoalmente?

Enobarbo *[à parte]* – Bem, eu responderia, se nesta guerra vamos cavalos e éguas montar, os cavalos vão se distrair, e as éguas vão sentir o peso do cavaleiro e dos cavalos.

Cleópatra – O que estás dizendo?

Enobarbo – Sua presença irá certamente distrair Antônio da guerra, sequestrando-lhe o coração, o cérebro, o tempo que ele agora não pode desperdiçar. Ele já está difamado em Roma, onde é tido por leviano e onde dizem que Fotino, o eunuco, e suas damas de companhia, senhora, é que administram esta guerra.

Cleópatra – Roma que se afunde, e que apodreçam as línguas desses que falam contra nós! Nossos ombros carregam todas as responsabilidades por esta guerra, e eu, por presidir o meu reino, estarei presente, como um homem. Não diga nada contra; não vou ficar para trás.

Entram Antônio e Canídio.

Enobarbo – Não, eu já disse tudo. Aí vem o imperador.

Antônio – Não é estranho, Canídio, que, partindo de Tarento[21] e de Brundúsio,[22] ele conseguiu tão rápido cruzar o Mar Jônico e conquistar Torino? – Já lhe contaram essa, amor?

Cleópatra – É tudo o que os negligentes mais invejam: rapidez.

Antônio – É boa advertência, palavras que o melhor dos homens poderia ter dito para ironizar a preguiça. Canídio, vamos combatê-lo no mar.

Cleópatra – No mar, lógico! Onde mais?

Canídio – Por que meu senhor desejaria fazer isso?

Antônio – Por que a isso ele nos desafia.

---

21. Antiga cidade do sul da Itália. (N.T.)

22. Atual Brindisi, cidade e porto da Calábria, na Itália. (N.T.)

Enobarbo – Lá por isso, o senhor o desafiou para um duelo.

Canídio – Sim, e também a entrar em combate no campo de Farsália, onde Júlio César guerreou com Pompeu, o Grande. Mas esses desafios, nos quais ele não fica em vantagem, ele os descarta. O senhor deve fazer o mesmo.

Enobarbo – Os seus navios só têm marinheiros de água doce: ou são muladeiros, ou são ceifeiros, gente arrecadada aqui e ali num recrutamento às pressas e à força. A frota de César conta com homens que já lutaram contra Pompeu mais de vez. César tem barcos bons de manobra; os seus são pesados. Não cairá desgraça sobre o seu nome se o senhor se recusar a combatê-lo no mar, já que o senhor está equipado para lutar em terra.

Antônio – No mar. Lutarei no mar.

Enobarbo – Meu muito valoroso senhor, desse modo o senhor joga fora sua excelência como general em terra e confunde o seu exército, composto em grande parte de uma infantaria com experiência de outras guerras, e o senhor deixa ociosos os seus famosos conhecimentos bélicos e não toma a rota mais promissora e mais garantida e o senhor se entrega à sorte por inteiro e arrisca o que está firme e seguro.

Antônio – Lutarei no mar.

Cleópatra – Eu tenho sessenta navios, e os navios de César não são melhores que os meus.

Antônio – As naus excedentes nós queimamos, e assim teremos homens em número suficiente para as outras. Com elas, partimos do promontório de Actium e vencemos César, que estará vindo contra nós. Mas, se falharmos, aí então sim, podemos fazer isso em terra.

[Entra um Mensageiro.]

O que tem a dizer?

Mensageiro – É verdadeira a notícia, meu senhor: ele foi avistado. César tem Torino em seu poder.

Antônio – Será que ele está em Torino em pessoa? Não, é impossível. É estranho que o seu exército esteja. Canídio, nossas dezenove legiões tu vais comandar por terra, e também nossos doze mil cavalos. Nós vamos embarcar. Para o navio, minha ninfa. Vamos!

[Entra um Soldado.]

O que há agora, meu bravo soldado?

Soldado – Ah, nobre imperador, não entre em combate no mar. Não confie em tábuas podres. O senhor duvida de minha espada e destas minhas cicatrizes? Deixe que caiam n'água os egípcios e os fenícios; nosso costume é vencer com os pés em terra firme, corpo ereto, ganhando terreno do inimigo passo a passo.

Antônio – Certo, certo, vamos embora!

Saem Antônio, Cleópatra e Enobarbo.

Soldado – Por Hércules, eu acho que estou certo no meu pensamento.

Canídio – E tu estás, soldado. Acontece que as ações dele não vêm de uma real capacidade de força. Acontece que o nosso líder está sendo liderado e somos lacaios de mulheres.

Soldado – O senhor mantém em terra as legiões e a cavalaria unidas, certo?

Canídio – Marco Otávio, Marco Justo, Publícola e Célio vão por mar, mas nós mantemos as forças unidas em terra. A velocidade de César é inacreditável.

Soldado – Enquanto ele estava ainda em Roma, suas tropas dispersavam-se de tal forma que conseguiram enganar os espiões.

Canídio – Tu sabes quem é o lugar-tenente?

Soldado – Dizem que se chama Tauro.

Canídio – Esse eu conheço bem.

Entra um Mensageiro.

Mensageiro – O imperador pede a presença de Canídio.

Canídio – A cada notícia nova, as horas entram em trabalho de parto e nasce uma novidade a cada minuto.

Saem.

CENA VIII

Actium.

Entram César e Tauro com seu exército, marchando.

César – Tauro!

Tauro – Sim, meu senhor?

César – Não ataque por terra. Mantenha as forças unidas. Não provoque nenhuma batalha até que tenhamos completado nossa ação no mar. Não desobedeça o que vem prescrito nestas ordens.

[César alcança a Tauro um rolo de pergaminho.]

Nossa sorte depende de corrermos este risco.

Saem.

CENA IX

Actium.

Entram Antônio e Enobarbo.

Antônio – Vamos posicionar nossos esquadrões do lado de lá daquele morro, bem à vista das fileiras de César e de onde possamos ver em que número são os seus navios e agir de acordo.

Saem.

CENA X

Actium.

Canídio marcha com seu exército (infantaria e cavalaria), atravessando o palco, enquanto Tauro, o lugar-tenente de César, cruza o palco em sentido contrário.

Depois que eles saem de cena, ouvem-se os sons de uma batalha naval.

Toca o sinal de alarme. Entra Enobarbo.

ENOBARBO – Arruinado, arruinado, tudo arruinado. Não posso mais olhar. A Antoníada, nau capitânia, gira o leme e lidera os sessenta navios egípcios em manobra de debandada. Só de olhar, meus olhos se arruínam.

Entra Escaro.

ESCARO – Por meus deuses e por minhas deusas, lá estavam eles todos, reunidos em um concílio.

ENOBARBO – Por que estás tão agitado?

ESCARO – Perdemos o maior pedaço do mundo por rematada burrice. Entregamos de mão beijada reinos e províncias.

ENOBARBO – Como está a luta?

ESCARO – O nosso lado tem a aparência manchada do finzinho da peste, quando a morte já é certa. Aquela égua perfumada, imunda e mil vezes montada do Egito (que morra leprosa!), no meio da batalha, quando a vantagem era exatamente a mesma para os dois lados, parecendo um par de gêmeos os combatentes, talvez a vantagem com o irmão mais velho, ela manda içar velas e foge, parecendo que foi mordida de moscaredo em mês de verão, como uma vaca.

ENOBARBO – Isso eu vi, e meus olhos, de tão doentes, não aguentaram olhar mais.

ESCARO – Assim que ela se põe a barlavento, a nobre ruína de sua magia, Antônio, mais que rápido, iça velas, alça voo e vai, o próprio pato apaixonado: abandona a luta no auge, bate asas e debanda atrás dela. Nunca vi ação mais vergonhosa. Nunca antes se violou assim a experiência, a virilidade, a honra!

ENOBARBO – Ai de nós! Quanta indignidade!

Entra Canídio.

CANÍDIO – Nossa sorte no mar não tem mais fôlego, e vai afundando de modo lastimável. Tivesse o nosso general sido o homem que ele sabe ser, e tudo estaria bem. Mas, ah, com o exemplo flagrante e grosseiro da própria fuga ele nos incita a fugirmos também.

ENOBARBO – Vai nessa direção o seu pensamento? Ora, mas então, realmente, estamos conversados e boa noite.

CANÍDIO – Fugiram em direção ao Peloponeso.

ESCARO – É fácil chegar lá, onde então aguardarei pelos acontecimentos.

CANÍDIO – Eu me entrego, e serão de César minhas legiões e meu cavalo. Seis reis já me apontaram o caminho da rendição.

ENOBARBO – Quanto a mim, sigo a sorte ferida de Antônio, embora eu saiba que a razão, levada por ventos a favor, sopra contra mim.

Saem separadamente.

CENA XI

Nas proximidades de Alexandria.

Entra Antônio com Serviçais.

Antônio – Escutem! A terra pede que eu nunca mais pise sobre ela, pois tem vergonha de me sustentar. Amigos, venham cá. Estou levando tanto tempo nesta jornada que perdi o meu rumo para sempre. Tenho um navio carregado de ouro. Peguem-no, dividam entre si. Fujam e façam a paz com César.

Todos – Fugir, nós? De modo algum.

Antônio – Eu mesmo fugi, e assim instruí os covardes a correr, dar as costas. Amigos, vão embora. Eu já me decidi por um caminho, e nele não preciso de vocês. Vão embora. O meu tesouro está no cais. Peguem-no. Eu segui um norte que agora... me envergonha só de pensar! Os meus fios de cabelo brigam entre si, pois os brancos reprovam os castanhos pela imprudência, e estes recriminam aqueles por sentirem paixão e medo. Amigos, vão embora. Vocês terão cartas escritas por mim para alguns amigos que vão se encarregar de limpar o caminho para vocês. Eu lhes peço, não fiquem tão tristes, e não me respondam com recusas. Abracem esta oportunidade que meu desespero proclama. Deixem para trás o que se deixa a si mesmo para trás. Para o porto, e pronto! Eu lhes darei posse daquele navio e daquele ouro. Deixem-me, eu lhes peço, por um momento. E agora estou lhes pedindo por favor, sim, por favor, pois já perdi o comando. Então, por favor, vão. Eu os verei em breve.

Saem os Serviçais.

Antônio senta-se.

Entra Cleópatra, antecedida de Charmian, Iras e Eros.

Eros – Vá até ele, senhora. Console-o.

Iras – Faça isso, minha rainha amada.

Charmian – Sim, é o que resta fazer.

Cleópatra – Deixem-me sentar. Ah, minha deusa Juno!

Antônio – Não, não, não, não.

Eros – Está vendo aqui, senhor?

Antônio – Ai, que vergonha, que vergonha!

Charmian – Senhora!

Iras – Senhora, minha graciosa imperatriz!

Eros – Senhor! Senhor!

Antônio – Sim, meu senhor, sim. César em Filipos conservou sua espada na bainha, como se fosse de brinquedo, enquanto eu golpeava o magro e enrugado Cássio, e fui eu quem deu fim ao ensandecido Brútus. César apenas dava ordens a seus lugares-tenentes. Não tinha experiência nenhuma na valentia dos esquadrões de guerra. E agora... não importa.

Cleópatra – Ai, fiquem perto de mim, não me deixem cair.

Eros – A rainha, meu senhor, a rainha.

Iras – Vá até ele, senhora, fale com ele. Está fora de si, de tanta vergonha.

Cleópatra – Muito bem, mas preciso que vocês me amparem. Ai!

Eros – Meu nobre senhor, levante-se. A rainha se aproxima, e de cabeça baixa. A morte a terá cativa, a menos que o seu consolo, senhor, venha resgatá-la.

Antônio – Manchei minha reputação, ofendi minha honra, cometi o mais indigno de todos os erros.

Eros – Senhor, a rainha.

Antônio – Ah, Egito, para onde me levaste? Vê como levo minha vergonha para longe de teus olhos quando vejo e revejo o que deixei para trás, o que destruí na desonra.

Cleópatra – Ah, meu senhor, meu senhor, perdoe as minhas naus amedrontadas! Não me ocorreu que você pudesse me seguir.

Antônio – Egito, tu sabes muito bem que o meu coração estava atado em teu leme por amarras, e tu me levarias a reboque para onde fosses. Tu sabias de tua supremacia absoluta sobre o meu espírito e que um simples gesto teu poderia me comandar, mesmo a ponto de não atender a um chamado dos deuses.

Cleópatra – Perdão, ai, perdão!

Antônio – Agora devo enviar ao jovem César humildes propostas de negociação, devo esquivar-me de alguns assuntos, sofismar em outros, lançando mão dos expedientes de gentes inferiores, logo eu, que brincava como quisesse com meia parte do mundo, fazendo e desfazendo fortunas. Você sabia de seu poder de conquistadora sobre mim; e sabia que a minha espada, enfraquecida pela minha afeição, obedeceria a esta mesma afeição em todas as causas.

Cleópatra – Perdão! Me perdoe.

Antônio – Nada de choro, eu te peço. Uma lágrima tua dói, tanto quanto ter perdido esta guerra. Me dá um beijo.

[Beijam-se.]

Isto já me recompensa. – Nosso preceptor foi enviado até César. Ele ainda não voltou? – Amor, eu me sinto um chumbo. Quero vinho e comida! O destino sabe que, se ele nos bate na cara, aí mesmo é que damos risada.

Saem.

CENA XII

Egito. O acampamento de César.

Entram César, Agripa, Tídias e Dolabella, acompanhados de outros.

César – Tragam-no aqui, o enviado de Antônio. Você sabe quem é?

Dolabella – César, é o preceptor das crianças; indício de que ele está depenado, se nos está mandando uma pluma tão apagada de sua asa. Logo ele, a quem jamais faltou um rei que lhe servisse de mensageiro, e isso poucas luas atrás.

Entra o Embaixador de Antônio.

César – Aproxime-se. Pode falar.

Embaixador – Tal qual o senhor me vê, estou aqui a pedido de Antônio. Até há pouco eu significava tanto para seus propósitos quanto o orvalho da manhã em folha de murtinha significa para o oceano.

César – Que seja. Diz a que vieste.

Embaixador – Senhor que sois de sua fortuna e de seu destino, ele vos saúda, e vos pede permissão para viver no Egito. Em caso de vossa não anuência, ele diminui o seu pedido e a vós vem requisitar que lhe seja concedido respirar entre o céu e a terra como cidadão em Atenas. Isso para ele. Depois, o seguinte: Cleópatra admite vossa grandeza, submete-se ao vosso poder, e de vós suplica a coroa dos Ptolomeus para seus herdeiros, agora à mercê de vossa graça.

César – Quanto a Antônio, não tenho ouvidos para suas solicitações. A rainha poderá ser recebida em audiência e sua vontade poderá ser atendida, desde que ela expulse do Egito o seu amigo, que já caiu em desgraça, ou mande matá-lo. Se ela assim o fizer, suas súplicas serão ouvidas. Vai, diz isso a eles.

Embaixador – Que a boa fortuna vos persiga!

César – Escoltem-no, que ele precisa passar pelas tropas.

[Sai o Embaixador, escoltado.]

[Dirigindo-se a Tídias] – É hora de exercitares tua eloquência. Vai, e tira Cleópatra de Antônio. Promete,

em nosso nome, tudo o que ela quiser; e acrescenta mais, usa tua imaginação, oferece outras coisas. Não é forte o suficiente nem mesmo a mais rica das mulheres; e, se passar necessidade, a vestal jamais tocada é capaz de quebrar seus votos. Exercita tua esperteza, Tídias. Cria o teu próprio édito, faz o teu preço, e nós responderemos pelo pagamento, cumprindo-o como se cumprem as leis.

Tídias – Estou indo, César.

César – Observa como Antônio carrega consigo a sua desgraça e o que tu achas que significa cada movimento dele a cada ação executada.

Tídias – Assim farei, César.

Saem.

CENA XIII

Egito. No palácio de Cleópatra.

Entram Cleópatra, Enobarbo, Charmian e Iras.

Cleópatra – O que se vai fazer, Enobarbo?

Enobarbo – Agora é pensar e morrer.

Cleópatra – De quem é a culpa: de Antônio ou nossa?

Enobarbo – Apenas de Antônio, que fez do seu desejo o senhor da razão. E o que tem, se a senhora fugiu daquele grande semblante da guerra, quando as várias fileiras de navios amedrontavam umas às outras? Por que haveria ele de segui-la? As urgências de seu amor pela senhora não podiam ter dado uma rasteira em seu poder de comando, justo naquela hora crítica, quando uma metade do mundo opunha-se à outra, sendo ele mesmo a causa do conflito. Tão ou mais grave que a derrota foi a vergonha por ele ter seguido as suas bandeiras em fuga, senhora, deixando a sua esquadra perplexa.

Cleópatra – Por favor, cale-se.

Entra o Embaixador, com Antônio.

Antônio – Essa é a resposta dele?

Embaixador – Sim, meu senhor.

Antônio – A rainha lhe terá os obséquios desde que abra mão de nós.

Embaixador – É o que ele diz.

Antônio – Dê a notícia a ela. – A esse menino César enviai esta cabeça grisalha, e ele vai encher todos os vossos desejos até a borda com principados.

Cleópatra – Essa cabeça, meu senhor?

Antônio – Volte até César. Diga-lhe que ele usa a rosa da juventude em sua fronte, e dela o mundo espera algo excepcional. Suas moedas, seus navios, suas legiões podem pertencer a um covarde, cujos subordinados podem triunfar a serviço de uma criança tanto quanto sob o comando de um César. Portanto, eu o desafio a pôr de lado o seu vistoso adorno e enfrentar-me a mim, decrépito, espada contra espada, sozinhos nós os dois. Vou pôr isso por escrito. Siga-me.

Saem Antônio e o Embaixador.

Enobarbo *[à parte]* – Mas claro! Até parece que César, capitão de uma poderosa marinha, vai despojar-se de sua felicidade e subir ao palco para exibir-se em espetáculo contra um gladiador! Vejo que o discernimento nos homens é parte de sua sorte na vida; as circunstâncias afetam a índole, e o sofrimento atinge a índole e as circunstâncias. Ele está sonhando! Conhecedor de todas as alegrias e de todos os infortúnios, pensar que o bem-afortunado César vai duelar com a sua desgraça! Ah, César, vós subjugastes até mesmo o bom senso de Antônio!

Entra um Criado.

Criado – Um mensageiro da parte de César.

Cleópatra – Ora, mas assim, sem maiores cerimônias? Vejam, minhas damas de companhia: diante da rosa fenecida, agora eles podem tapar o nariz, os mesmos que se ajoelhavam diante da rosa em botão. – Faça-o entrar, senhor.

Sai o Criado.

Enobarbo *[à parte]* – Minha integridade e eu começamos a brigar. A lealdade aos tolos transforma nossa fé neles em tolice; no entanto, quem persiste em seguir com dedicação o seu amo e senhor caído em desgraça conquista não só o conquistador de seu mestre mas também um lugar na história.

Entra Tídias.

Cleópatra – Qual é a resposta de César?

Tídias – Deveis ouvi-la em particular.

Cleópatra – São todos amigos. Pode falar com franqueza.

Tídias – Então é provável que sejam amigos de Antônio.

Enobarbo – Ele precisa de tantos quantos César tem, senhor; do contrário, não precisaria de nós. Se é do agrado de César, o nosso mestre e senhor abraça a chance de ser seu amigo. Quanto a nós, o senhor sabe que devotamos amizade a quem Antônio devota amizade: a César.

Tídias – Pois bem. Assim sendo, de vós, a mais renomada das rainhas, César suplica que não vos preocupeis com vossa situação; basta saber que ele é César.

Cleópatra – Continue. São palavras verdadeiramente dignas de um rei.

Tídias – Ele sabe que vós abraçastes a Antônio não por amor, mas por medo.

Cleópatra – Ah!

Tídias – As cicatrizes em vossa honra, portanto, são dignas de pena por serem marcas não merecidas de coerção.

Cleópatra – Ele é um deus e sabe o que é certo. Minha honra não se rendeu a ele, mas foi por ele conquistada.

Enobarbo *[à parte]* – Só para ter certeza, vou perguntar a Antônio. Senhor, senhor, vós já estais tão afundado que precisamos abandonar-vos ao vosso naufrágio, quando até mesmo a vossa bem-amada vos renega.

Sai Enobarbo.

Tídias – Devo dizer a César o que a senhora solicita dele? Dentro do que for digno dele, César implora por uma chance de acatar os seus desejos, Alteza; lhe faria muito feliz a senhora ter cajado onde se apoiar feito de fortunas dele. Mas lhe aqueceria a alma ouvir de mim que a senhora abandonou Antônio e colocou--se sob o manto protetor dele, suserano do universo.

Cleópatra – Qual é o seu nome, senhor?

Tídias – Tídias.

Cleópatra – Meu bom mensageiro, diga ao grande César, de minha parte, o seguinte: beijo-lhe a mão de grande conquistador. Diga-lhe que estou pronta a depositar minha coroa a seus pés, ajoelhando-me. Diga-lhe que, nas palavras dele, por todos obedecidas, estou pronta a escutar o destino do Egito.

Tídias – Esse é o caminho mais nobre. Quando se enfrentam em combate a sabedoria e os golpes do destino, se a sabedoria ousa tudo o que lhe é possível ousar, não há lance do acaso capaz de vencê-la. Permiti-me a graça de depositar em vossa mão minha homenagem.

Beija-lhe a mão.

Cleópatra – O pai deste César que é seu amo e senhor, muitas vezes, depois de contemplar em pensamentos a tomada de algum reino, doava a esta mão indigna deles os seus lábios, numa chuva de beijos.

Entram Antônio e Enobarbo.

Antônio – Mas que intimidades...? Pelos raios de Júpiter! Tu és que tipo de coisa, sujeitinho?

Tídias – Apenas cumpro ordens e represento o mais próspero dos homens, o mais digno de ser obedecido.

Enobarbo *[à parte]* – Você será chicoteado.

Antônio *[chamando por seus Criados]* – Aproximem-se, venham cá! – Ah, sua vagabunda! – Agora, deuses e demônios, minha autoridade dissolve-se. Antes, quando eu gritava "Ei!", reis acorriam, como moscas ao mel, gritando "Qual o vosso desejo?" – Não estão me ouvindo? – Ainda sou Antônio.

[Entram Criados.]

Tirem daqui esse sujeitinho e açoitem-no.

Enobarbo *[à parte]* – É melhor brincar com filhotinho de leão que com leão velho e na hora da morte.

Antônio – Pela lua e pelas estrelas, que ele seja açoitado! Nem que fossem vinte admiradores de César, os vinte que lhe pagam os maiores tributos, se eu os encontrasse assim tão à vontade com a mão dessa aqui… qual é mesmo o nome dela, depois que deixou de ser Cleópatra? Vamos, açoitem o sujeito, até que ele mostre o rosto contraído de dor e choramingue feito criança, pedindo por misericórdia. Levem-no daqui.

Tídias – Marco Antônio…

Antônio – Arrastem o homem para fora daqui! Depois de açoitado, tragam-no de volta. Esse menino de recados de César há de levar até ele a nossa resposta.

[Saem os Criados com Tídias.]

[Dirigindo-se a Cleópatra] – Você estava já meio acabada, murcha, ainda antes de eu te conhecer. Não

é? Será que eu abandonei o meu travesseiro em Roma, e abstive-me de gerar filhos legítimos com uma joia rara de mulher, para ser enganado por essa uma que dá atenção a criados?

CLEÓPATRA – Meu bom amo e senhor...

ANTÔNIO – Você sempre foi mulher volúvel. Mas quando nós em nossos vícios perdemos a compaixão... ah, pobres miseráveis!... os deuses, do alto de sua sabedoria, fazem cegar nossos olhos, em nossa própria imundície fazem cair nosso lúcido discernimento, fazem com que adoremos os nossos erros e riem ao nos verem marchando pomposos para nossa destruição.

CLEÓPATRA – Ah, chegamos a esse ponto?

ANTÔNIO – Eu a encontrei, e você era manjar que se esfriara no prato de Júlio César morto. Sim, e você era as sobras de Cneus Pompeu, isso além de sabe-se lá quantas horas mais ardentes, que passaram despercebidas nos boatos do povo, e que você escolheu para saciar sua fome de lascívia. Tenho certeza de que, embora você desconfie, na verdade não sabe o que é abstinência.

CLEÓPATRA – Por que isso agora?

ANTÔNIO – Deixar um sujeitinho que aceita gorjetas e diz "Que Deus lhe dê em dobro!" tomar liberdades com esta minha companheira de prazeres, a sua mão, este selo real, que levou a se comprometerem os corações mais nobres deste mundo! Ah, se eu estivesse no topo do Monte Basan, para mugir mais alto que o rebanho de chifrudos! Eu sim, tenho motivos para dar coices. Proclamá-los civilizadamente seria estar com a corda no pescoço e agradecer ao carrasco por sua presteza.

[Entra um Criado com Tídias.]

Foi açoitado?

Criado – Com toda a severidade, senhor.

Antônio – E ele chorou? Implorou clemência?

Criado – Pediu misericórdia.

Antônio *[dirigindo-se a Tídias]* – Se teu pai ainda é vivo, que ele se arrependa de não ter te feito mulher; quanto a ti, podes te arrepender de seguir César em seu triunfo, pois foste açoitado por isso. Daqui em diante, a mão de uma dama branca te trará febres; vais tremer só de olhar para uma. Volta para César. Conta a ele como foste recebido. Não te esqueças de dizer que ele me deixou irado, pois parece estar cheio de orgulho e desprezo; está cantarolando o que eu sou agora, em vez de cantar o que ele sabe que eu fui. Ele me deixa irado, e por ora isso é fácil, quando as boas estrelas que antes me guiavam desertaram de suas órbitas e desviaram todo o seu fogo para os abismos do inferno. Se não lhe agradar o meu discurso e o que se fez aqui, diz que ele tem Hiparco, meu escravo liberto, a quem ele pode açoitar à vontade, ou enforcar, ou torturar, como ele quiser, para ficar quites comigo. Apressa-te em fazer isso. Vai-te embora daqui com teus vergões, fora!

Saem o Criado e Tídias.

Cleópatra – Você já terminou?

Antônio – Ai de nós, que agora a nossa lua terrestre está em eclipse e pressagia a derrocada de Antônio.

Cleópatra – Preciso esperar até que se acalme.

Antônio – Para bajular César, você precisa trocar olhares com um qualquer, o que lhe amarra os cadarços das bragas com a camisa?

Cleópatra – Você ainda não me conhece?

Antônio – O que você tem para me dar é um coração gelado?

Cleópatra – Ah, querido, se fosse assim, que os céus chovessem granizo desde o meu coração gelado, granizo envenenado na fonte, e que a primeira pedra me caísse na garganta e, ao derreter, acabasse com a minha vida! A segunda pedra atingiria Cesário, e assim por diante, até que se acabasse a memória do meu ventre, e também todos os meus bravos egípcios, com o descaramelizar dessa tempestade de pedras de gelo, e ficariam todos estirados, insepultos, até que as moscas e borrachudos do Nilo viessem enterrá-los de picada em picada!

Antônio – Basta! César sitiou Alexandria, onde resistirei ao destino. Nossas forças em terra vêm resistindo com dignidade; nossa marinha dividida também uniu-se uma vez mais e navega, uma forte ameaça marítima. Onde é que tu estavas, minha coragem? Estás me escutando, minha dama? Se ainda desta vez eu voltar do campo de batalha, chegarei lavado em sangue, pronto para beijar os teus lábios. Minha espada e eu teremos merecido nosso lugar na história. Ainda há esperança.

Cleópatra – Valente: esse é o meu homem!

Antônio – Terei força em triplo: músculo, fígado e fôlego. Lutarei com uma fúria selvagem. Quando os meus dias eram dias de sorte e delicadeza, deixei que vidas fossem resgatadas de minhas prisões a troco de nada. Porém, agora, mordo, mato e mando ao inferno todos os que quiserem me deter. Vem, vamos ter ainda uma outra noite de festa. Chamem à minha presença todos os meus tristes capitães. Encham nossas taças uma vez mais. Vamos rir do toque da meia-noite.

Cleópatra – Hoje é meu aniversário. Tinha pensado não festejar. Mas, já que meu senhor é Antônio de novo, serei Cleópatra.

Antônio – Ainda vamos nos sair bem.

Cleópatra *[dirigindo-se aos Serviçais]* – Chamem todos os nobres capitães à presença de meu senhor.

Antônio – Façam isso. Falaremos com eles, e esta noite eu lhes entorno vinho nas goelas, até que se veja o vinho brotar de suas cicatrizes. Vamos, minha rainha, ainda temos seiva correndo em nós. Em minha próxima batalha, a Morte será forçada a cair de amores por mim, pois duelarei até mesmo contra a sua foice mais pestilenta.

Saem todos, menos Enobarbo.

Enobarbo – Agora ele vai encarar de cima raios e relâmpagos. Ficar furioso é estar assustado a ponto de não ter medo, e nesse estado de espírito até pombinha dá bicada em gavião. Dá para ver que, em nosso capitão, quanto menos cérebro, mais colhões. Mas, se é predadora da razão, a valentia acaba comendo a própria espada. Vou ter de achar uma maneira de abandonar o meu general.

Sai.

QUARTO ATO

CENA I

Diante de Alexandria. No acampamento de César.

Entram César, Agripa e Mecenas, com seu exército.

César está lendo uma carta.

César – Ele me chama de menino e me passa uma descompostura, como se tivesse poder para me expulsar do Egito. Meu mensageiro, este ele surrou com açoite. Desafia-me para um combate pessoal, César contra Antônio. Pois o velho rufião que fique sabendo: tenho muitos outros modos de morrer; por enquanto, digam-lhe que só me resta rir desse desafio.

Mecenas – César deve considerar que, quando tão grande homem começa a enfurecer-se, é porque está acuado, pronto para ser abatido. Não lhe dê chance de respirar; tire vantagem de seu descontrole. A raiva nunca soube se defender.

César – Que saibam os nossos principais líderes: amanhã, nossa intenção é lutar a última de tantas batalhas. Temos em nossas fileiras homens que serviam a Marco Antônio faz pouco tempo; são tantos que podem capturá-lo. Faça isso acontecer, e depois banqueteie o exército. Temos provisões para tanto, e eles terão feito por merecer esse gasto. Quanto a Marco Antônio… coitado!

Saem.

CENA II

Alexandria. O palácio de Cleópatra.

Entram Antônio, Cleópatra, Enobarbo, Charmian, Iras e Alexas, com outros.

Antônio – Ele não aceita lutar comigo, Domítio?

Enobarbo – Não.

Antônio – E por que não?

Enobarbo – Ele pensa que, sendo vinte vezes mais afortunado, seria vinte homens contra um.

Antônio – Amanhã, soldado, no mar e em terra vamos combater. Ou saio vivo ou banho minha honra moribunda no sangue que a fará reviver. E tu, lutarás com garra?

Enobarbo – Empunho a espada e grito: "Tomem esta!".

Antônio – Falaste bem. Vamos lá! Reúne aqui os meus criados domésticos. Esta noite vamos *[Entram três ou quatro Serviçais.]* ter refeição farta e generosa. – Dá-me tua mão, tu tens sido verdadeiramente leal – tu também – tu – e tu – e tu. Vocês a mim me serviram bem, e reis foram colegas seus sempre que estiveram a meu serviço.

Cleópatra *[à parte, dirigindo-se a Enobarbo]* – O que significa isso?

Enobarbo *[à parte, dirigindo-se a Cleópatra]* – É um daqueles estranhos enganos ditados pelo sofrimento quando se está fora de si.

Antônio – E tu também és leal. – Queria poder me dividir em tantos homens quantos vocês são, e que vocês pudessem se juntar para formar um Antônio, e que eu pudesse lhes servir tão bem quanto os senhores têm me servido.

Todos – Que os deuses não permitam!

Antônio – Pois bem, meus bons homens, sirvam-me esta noite. Não poupem minhas taças, e deem-me o mesmo tratamento de quando o meu império servia também aos senhores e obedecia ao meu comando.

Cleópatra *[à parte, dirigindo-se a Enobarbo]* – O que ele está pretendendo com isso?

Enobarbo *[à parte, dirigindo-se a Cleópatra]* – Ele quer fazer chorar os seus seguidores.

Antônio – Cuidem de mim esta noite. Talvez seja o encerramento de suas obrigações. Talvez os senhores não me vejam mais, e talvez vejam a sombra destroçada de mim. Pode ser que amanhã estejam servindo a outro amo. Olho para os senhores como quem está partindo. Meus bons e fiéis amigos, não os estou mandando embora, mas, como um amo e senhor que desposou os seus bons serviços, fico com eles até a morte. Cuidem de mim esta noite; por duas horas, não peço mais que duas horas, e que os deuses lhes favoreçam por isso!

Enobarbo – O que está pretendendo, senhor, ao deixá-los assim aflitos? Veja, eles choram, e eu, como um asno, tenho os vapores da cebola nos olhos. Tenha dó, não nos transforme em mulheres.

Antônio – Ha, ha, ha! Que eu seja vítima de bruxaria se pretendi tal coisa! Bem-aventurado seja o solo onde caem essas lágrimas! Amigos de tão bom coração, vocês me interpretaram num sentido doloroso demais, pois falei para reconfortá-los, e meu desejo era que vocês iluminassem esta noite com tochas e alegria. Saibam, meus queridos, que tenho esperanças de um bom amanhã, e eu os conduzirei para onde minha expectativa é de uma vida vitoriosa e não de uma morte honrada. Vamos cear, venham, e afoguemos as preocupações!

Saem.

CENA III

Alexandria.

Entra um pelotão de Soldados.

Primeiro Soldado – Boa noite, irmão. Amanhã é o dia.

Segundo Soldado – Sim, o resultado fica decidido de um jeito ou de outro. Passe bem. Não ouviu nada de estranho pelas ruas?

Primeiro Soldado – Não. O quê?

Segundo Soldado – Vai ver é só um boato. Boa noite.

Primeiro Soldado – Boa noite.

Encontram outros Soldados.

Segundo Soldado – Soldados, mantenham-se atentos.

Terceiro Soldado – Vocês também. Boa noite, boa noite.

Posicionam-se um em cada canto do palco.

Segundo Soldado – Aqui ficamos nós. E se amanhã a nossa marinha vencer, tenho toda esperança de que nossos homens em terra vão se aguentar firmes.

Primeiro Soldado – É um exército valoroso, de homens determinados.

Música de oboés, tocados sob o palco.

Segundo Soldado – Quietos! Que barulho é esse?

Primeiro Soldado – Escutem só!

Segundo Soldado – Ouçam isso!

Primeiro Soldado – É música no ar!

Terceiro Soldado – Debaixo da terra!

Quarto Soldado – É bom presságio, não é?

Terceiro Soldado – Não.

Primeiro Soldado – Quietos, eu disse! O que quer dizer isso?

Segundo Soldado – É o deus Hércules, que Antônio adorava, e que agora o abandona.

Primeiro Soldado – Andando. Vamos ver se os outros guardas estão ouvindo a mesma coisa.

Segundo Soldado – E então, senhores?

Falam todos juntos.

Todos – E então? E então? Estão escutando?

Primeiro Soldado – Sim, não é estranho?

Terceiro Soldado – Estão ouvindo, senhores? Estão ouvindo?

Primeiro Soldado – Vamos seguir o som até onde vai nossa área de montar sentinela. Daí a gente vê até onde se escuta.

Todos – Certo. É muito estranho.

Saem.

CENA IV

Alexandria.

Entram Antônio e Cleópatra com Charmian e outros, a seu serviço.

Antônio – Eros! Minha armadura, Eros!

Cleópatra – Dorme um pouco.

Antônio – Não, amor. – Eros, vamos de uma vez, minha armadura, Eros!

[Entra Eros, com a armadura].

Anda, meu bom homem, coloca esses teus ferros em mim. Se a sorte não estiver do nosso lado hoje, é porque nós a estamos desafiando. Venha.

Cleópatra – Também quero ajudar. Para que serve isto?

Ela tenta auxiliar no colocar-lhe a armadura.

Antônio – Ah, deixa disso, deixa para lá! Tu és quem me armou o coração. Não, isto aqui está errado. Olha, é assim.

Cleópatra – De verdade, eu posso ajudar. Isto aqui deve ser assim.

Antônio – Está bem, está certo. Agora sim, vamos vencer. – Estás vendo, meu bom homem? Vai, agora coloca a tua armadura.

Eros – É para já, senhor.

Cleópatra – Isto aqui, está afivelado direito?

Antônio – Mais que direito, está ótimo. Só vou desafivelar para o meu repouso, e quem tentar fazer isso antes vai levar uma saraivada de golpes. – Estás desajeitado nisso, Eros, e minha rainha é um escudeiro mais hábil. Vamos de uma vez com isso. – Ah, amor, se tu pudesses assistir aos meus combates hoje, e se tu soubesses o que é a arte da guerra, esse ofício de reis, tu verias um mestre em ação.

[Entra um Soldado armado.]

Bom dia. Seja bem-vindo. Você, pelo jeito, conhece bem as responsabilidades de tempos de guerra. Para tudo o que gostamos de fazer, levantamos cedo e labutamos com prazer.

Soldado – Mil de nós, senhor, embora cedo, já envergamos estes nossos ferros e aguardamos pelo senhor nos portões.

Gritos. Tocam os clarins.

Entram Capitães e Soldados.

Capitão – É uma bela manhã. Bom dia, general.

Todos – Bom dia, general.

Antônio – Sim, o amanhecer está bem tocado, rapazes. Esta manhã, como o espírito do jovem que pretende ter sua vida cantada em feitos, começa cedo. Muito bem. – Vamos lá, me dá isso. Assim. Isto, deste jeito. Passe bem, minha dama. Aconteça o que acontecer, aqui tens o beijo de um soldado.

[Ele a beija.]

Executar outros ritos de despedida seria condenável, coisa merecedora de vergonhosa reprovação. É como um homem de aço que agora me despeço de ti. – Vocês, que vão lutar, acompanhem-me de perto. Eu os conduzirei à luta. – Adeus.

Saem Antônio, Eros, Capitães e Soldados.

Charmian – Deseja recolher-se aos seus aposentos?

Cleópatra – Leve-me. Ele sabe se despedir com coragem e elegância. E pensar que César e ele poderiam decidir esta grande guerra em um único combate pessoal, duelo, batalha singular! Então Antônio... mas agora... Pois bem, vamos.

Saem.

CENA V

Diante de Alexandria.
No acampamento de Antônio.

Toque de trombetas. Entram Antônio e Eros, e um Soldado vai ao seu encontro.

Soldado – Que os deuses façam deste um dia de sorte para Antônio!

Antônio – Quisera eu, tu e tuas cicatrizes tivessem me convencido a lutar em terra!

Soldado – Se assim o tivésseis feito, os reis que se rebelaram e o soldado que nesta manhã desertou teriam permanecido do vosso lado e agora estariam seguindo os vossos passos.

Antônio – Quem desertou agora de manhã?

Soldado – Quem? Alguém muito próximo de vossa pessoa. Se chamardes por Enobarbo, ele não vos ouvirá, ou então do campo de César dirá "Eu não sou um dos seus".

Antônio – O que estás me dizendo?

Soldado – Ele está com César, senhor.

Eros – Senhor, ele não levou junto consigo nem suas arcas, nem seu tesouro.

Antônio – Ele partiu?

Soldado – Com toda a certeza.

Antônio – Vá, Eros, envie o tesouro de Enobarbo para ele. Obedeça. Certifique-se de que nada dele fique para trás, nem um fiapo, são estas as minhas ordens.

Escreva para ele... eu assino... um adeus cordial e saudações; diga-lhe que faço votos de que nunca mais ele se depare com motivos para mudar de amo e senhor. Ah, minha sorte corrompeu homens honestos. Ande, apure-se. – Enobarbo!

Saem.

CENA VI

Diante de Alexandria.
No acampamento de César.

Entram Agripa e César, com Enobarbo e Dolabella.

César – Vá, Agripa, dê início ao combate. Queremos capturar Antônio vivo; que todos fiquem sabendo.

Agripa – Assim o farei, César.

Sai.

César – É chegada a hora da paz universal. Se, ao fim, este tiver sido um dia de prosperidade, o mundo tripartido, livre e prontamente, dará à luz um ramo de oliveira.

Entra um Mensageiro.

Mensageiro – Antônio já está no campo de batalha.

César – Leve minhas ordens a Agripa: posicionar os desertores na linha de frente, para que Antônio tenha a sensação de que está investindo furioso contra si mesmo.

Saem todos, menos Enobarbo.

ENOBARBO – Alexas desertou: quando foi para a Judeia a mando de Antônio, persuadiu o grande Herodes a aliar-se a César e abandonar Antônio, seu próprio amo e senhor. Por esse esforço, César mandou enforcá-lo. Canídio e os demais que também se passaram para o outro lado, esses têm ocupação: foram empregados a serviço de César, mas não são vistos como confiáveis, o que lhes é desonroso. Eu fiz mal, e me arrependo tão amargamente que não tenho mais como ter alegrias nesta vida.

Entra um Soldado de César.

SOLDADO – Enobarbo, Antônio te envia todo o teu tesouro, com um generoso acréscimo. O mensageiro chegou agora, quando sou eu que estou montando guarda, e está em tua tenda, descarregando as mulas.

ENOBARBO – Dou tudo a você.

SOLDADO – Deixa de piadas, Enobarbo. Estou te dizendo a verdade. Seria bom providenciar segurança para esse mensageiro passar pelas tropas. Preciso retomar meu posto, senão eu mesmo o escoltaria de volta. O teu imperador ainda é um Júpiter e continuará sempre sendo um deus.

ENOBARBO – Sou o pior dos canalhas, e nenhum deles sabe isso melhor do que eu. Ah, Antônio, um poço de generosidade, como o senhor não teria me recompensado pelo meu melhor serviço, quando a minha torpeza o senhor faz coroar em ouro! Isso faz gelar o meu coração. Se ele não se despedaçar de tristeza, há meios mais eficazes para dilacerá-lo no desespero; mas a intuição me diz que a tristeza bastará. Eu, lutar contra o senhor? Não. Vou é procurar um fosso onde morrer. O mais imundo que houver, que combine com os últimos tempos de minha vida.

Sai.

CENA VII

O campo de batalha.

Sinal de alarme. Tambores e clarins. Entra Agripa, com outros.

Agripa – Recuar! Avançamos demais no campo inimigo. O próprio César está preocupado, e a pressão dos ataques sobre nós está além da expectativa.

Saem.

Sinais de alarme. Entram Antônio e Escaro, este ferido.

Escaro – Ah, meu bravo imperador, isto sim é uma batalha! Tivéssemos lutado assim desde o início, teríamos enxotado eles todos de volta para casa com as cabeças enfaixadas.

Antônio – Tu sangras cada vez mais.

Escaro – Eu tinha bem aqui um talho em forma de I, mas agora é U e I.

Ouve-se, ao longe, o toque de retirada.

Antônio – Eles estão recuando.

Escaro – Vamos empurrar eles todos de volta para as latrinas. Ainda tenho espaço para mais meia dúzia de talhos.

Entra Eros.

Eros – Eles estão bem avariados, senhor, e a nossa vantagem abre caminho para uma bela vitória.

Escaro – Vamos lanhar as costas deles, pegar por trás cada um, igual a caçar lebre! É coisa bem divertida, marretar quem corre da gente.

Antônio – Vou te recompensar uma vez por teu apoio entusiasmado, e dez vezes por tua coragem. Vem, vamos em frente.

Escaro – O senhor na frente, que eu vou atrás, mancando.

Saem.

CENA VIII

Junto aos muros de Alexandria.

Sinal de alarme. Entra Antônio, uma vez mais em marcha, seguido de Escaro, com outros.

Antônio – Fizemos César recuar para o seu acampamento. Corra alguém na frente, e informe à rainha de nossos feitos.

Sai um Soldado.

Amanhã, antes de o sol nos avistar, derramaremos o sangue que hoje nos escapou. Eu agradeço a todos os senhores, pois vocês têm mãos capazes e lutaram não como quem serve a uma causa, mas como se a causa fosse de cada um de vocês tanto quanto é minha. Vocês provaram ser bons de briga. Adentrem a cidade, abracem suas esposas, seus amigos, contem-lhes a sua façanha, enquanto eles lavam com lágrimas de alegria os coágulos de suas feridas e cicatrizam com beijos os seus gloriosos cortes.

Entra Cleópatra, com Serviçais.

[Dirigindo-se a Escaro] – Dá-me tua mão. Diante desta fada madrinha louvarei os teus atos, e os agradecimentos dela te abençoarão. *[Dirigindo-se a Cleópatra]* – Ah, tu, luz do dia, luz do mundo, escraviza em teus braços o meu pescoço armado; pula em cima de mim, comigo assim mesmo, nestes trajes, e atravessa a couraça desta armadura e chega-te ao meu coração, e monta, e cavalga as minhas pulsações em triunfo!

Eles se abraçam.

Cleópatra – Rei dos reis, ah, homem de valor infinito, voltas assim, sorrindo, não capturado nas grandes armadilhas do mundo?

Antônio – Meu rouxinol, nós os empurramos de volta para a cama. Ora, minha menina, apesar de o grisalho se misturar com um resto de castanho, ainda temos um cérebro que nutre os nossos músculos e pode levar a bola até o gol tantas vezes quanto um jovem. Agora olha esse homem, e confia tua mão protetora aos lábios dele. – Beija-lhe a mão, guerreiro.

[Escaro beija a mão de Cleópatra.]

Ele lutou hoje como se um deus furioso tivesse tomado conta de seu corpo na intenção de dizimar a humanidade.

Cleópatra – Eu te darei, amigo, uma armadura toda em ouro; pertenceu a um rei.

Antônio – Ele fez por merecê-la, mesmo que fosse cravejada de pedras preciosas como a carruagem sagrada de Febo. Dá-me tua mão. Atravessaremos Alexandria em marcha gloriosa, portando os nossos escudos, tão golpeados quanto os seus donos. Tivesse o nosso grandioso palácio capacidade para alojar este exército, cearíamos todos juntos e enxugaríamos todos os copos de tanto brindar ao que nos espera no dia de amanhã, que este promete ações militares dignas de reis. Corneteiros, toquem os metais e estourem os ouvidos da cidade; misturem-se ao som trovejante dos tambores. Que céu e terra toquem juntos, em ovação à nossa chegada.

Tocam os clarins.

Saem.

CENA IX

No acampamento de César.

Entra um Sentinela, com sua companhia de guardas.

Enobarbo vem em seguida.

SENTINELA – Se não vierem nos render em uma hora, temos de voltar para onde somos passados em revista. A noite está estrelada, e dizem que devemos nos preparar para o combate às duas da madrugada.

PRIMEIRO GUARDA – Ontem tivemos um dia amaldiçoado.

ENOBARBO – Ah, noite, seja minha testemunha...

SEGUNDO GUARDA – Quem é esse homem?

PRIMEIRO GUARDA – Chegue perto, sem ele ver, e escute o que ele diz.

Eles se colocam à parte.

ENOBARBO – Sê minha testemunha também, ó Lua abençoada: quando os desertores forem lembrados pela história em registro odioso, Enobarbo, este pobre coitado, arrependeu-se diante de tua face.

SENTINELA – Enobarbo?

SEGUNDO GUARDA – Silêncio! Escutem mais.

ENOBARBO – Ah, soberana dama da verdadeira melancolia, derrama sobre mim a umidade venenosa da noite, para que a vida, essa rebelde à minha vontade própria, possa desprender-se de mim. Atira o meu coração contra a pedra e a dureza de meu erro. Ressequido de dor, ele vai se esfarelar, pondo um fim a pensamentos torpes. Ah, Antônio, o senhor ainda consegue ser mais nobre como homem do que eu infame como desertor; perdoai-me em vossos pensamentos, mas deixai que o mundo me classifique na história dos homens como um escravo fujão, um fugitivo e um traidor de seu mestre. Ah, Antônio, Marco Antônio!

Morre.

Primeiro Guarda – Vamos falar com ele.

Sentinela – Vamos ouvi-lo, pois as coisas de que fala podem dizer respeito a César.

Segundo Guarda – Isso mesmo, vamos. Mas... ele está dormindo.

Sentinela – Pelo jeito, desmaiou; prece ruim como aquela não foi feita para conciliar o sono.

Primeiro Guarda – Vamos nós até ele.

Aproximam-se de Enobarbo.

Segundo Guarda – Acorde, senhor, acorde. Fale conosco.

Primeiro Guarda – O senhor está nos escutando?

Sentinela – A mão da morte o alcançou.

[Ouvem-se tambores ao longe.]

Escutem, os tambores tocam em tom solene, para acordar os que dormem. Vamos carregá-lo até o campo onde somos passados em revista. Ele é oficial graduado. Nosso turno já terminou.

Segundo Guarda – Vamos, então. Pode ser que ele ainda se recupere.

Saem com o corpo.

CENA X

No campo de batalha.

Entram Antônio e Escaro, com seu exército.

Antônio – Eles se preparam hoje para combater no mar; não somos do agrado deles em terra.

Escaro – Eles se preparam para um e outro, senhor.

Antônio – E a mim me agradaria que eles lutassem no fogo e no ar; nos enfrentaríamos lá também. Mas assim é que é: nossa infantaria sobre os morros vizinhos à cidade fica conosco… as ordens para a batalha naval já foram dadas e eles já zarparam do porto… destes morros podemos melhor estudar sua estratégia e observar o seu desempenho.

Saem.

CENA XI

No campo de batalha.

Entram César e seu exército.

César – A menos que sejamos atacados, nós não entraremos em ação por terra. Penso que assim será, pois seus melhores homens foram chamados a estar nas galeras. Para os vales, e tomem as melhores posições.

Saem.

CENA XII

No campo de batalha.

Entram Antônio e Escaro.

Antônio – Ainda não se juntaram em combate. Dali de onde está aquele pinheiro, vou descobrir o que está havendo. Já volto com notícias de como parecem estar indo as coisas.

Sai.

Toque de alarme ao longe, como em uma batalha naval.

Escaro – As andorinhas fizeram seus ninhos nos navios de Cleópatra. Os profetas dizem ou que não sabem, ou que não podem falar, mas a tudo observam, sinistros, e não se atrevem a dizer o que sabem. Antônio mostra valentia, depois desanima, e aos arrancos sua sorte corroída vai lhe dando esperança e medo quanto ao que ele tem ou não tem.

Entra Antônio.

Antônio – Tudo perdido! Aquela egípcia imunda me traiu. Minha esquadra rendeu-se ao inimigo e, lá mesmo, atiram para o ar os seus gorros e trocam brindes entre si, como amigos que não se veem há muito tempo. Puta, três vezes puta! Foste tu que me vendeste a esse novato, e o meu coração só trava batalhas contra ti e contra mais ninguém. Pede a todos que fujam, pois, quando eu tiver me vingado deste feitiço que pesa sobre mim, não tenho mais o que fazer. Pede a todos que fujam. Vai-te embora!

[Sai Escaro.]

Ó Sol! Teu nascer eu não verei mais. O destino e Antônio despedem-se aqui; aqui mesmo trocamos um aperto de mãos. E termina tudo assim? Os corações amigos, que me beijavam os pés, mais parecendo cachorros à volta do dono, aqueles a quem fiz as vontades, agora jogam suas doçuras e se derretem sobre esse César que desabrocha. E pensar que eu, este pinho sem casca, já mandei e desmandei em todos eles! Traído, fui traído! Ah, aquela alma vil e falsa do Egito! Essa bruxa letal, que só com a luz do olhar me mostrava o caminho para as guerras e também me chamava de volta para casa. Em seu seio eu tinha a minha coroa de rei, meu objetivo primeiro. Como verdadeira cigana, armou o laço e me engambelou até que eu chegasse ao coração de minha cilada. Quem está aí? Eros, Eros!

[Entra Cleópatra.]

Ah, para trás, feitiçaria! Que os deuses te mantenham longe!

Cleópatra – Por que essa fúria contra o seu amor?

Antônio – Suma daqui, senão você vai ter o que merece e eu estrago o triunfo de César. Que ele a tome, e que possa erguê-la bem alto, em exposição para os gritos dos plebeus! Você estará atrás da biga de César, como a mais suja de todas as fêmeas. Como um monstro, um aleijão, vai desfilar diante de uma ralé de franzinos e parvos. Que a paciente Olívia, unhas especialmente afiadas para a ocasião, desenhe sulcos nesse seu rosto!

[Sai Cleópatra.]

É melhor mesmo, ires embora, se tens algum apego à vida. E, no entanto, teria sido melhor caíres vítima da minha fúria, pois a morte te pouparia morrer de vergonha. Eros, olá, Eros! Hércules, ancestral meu, emprestai-me a vossa fúria. Que eu possa jogar nos cornos da Lua quem me traz a dor que me enlouquece. Com essas vossas mãos que seguraram a clava mais pesada, subjugai em mim o meu lado mais nobre e heroico. A bruxa tem de morrer. Ela me vendeu ao jovem romano e eu caí nessa armadilha. Ela tem que morrer por isso. Eros, olá, Eros!

Sai.

CENA XIII

Alexandria.

Entram Cleópatra, Charmian, Iras e Mardian.

Cleópatra – Ajudem-me, minhas aias. Ele está mais ensandecido que Telamônius por causa do escudo de Aquiles[23]; está pior que o javali[24] ávido por destruir, olhos brilhantes de fogo e de sangue.

Charmian – Para o mausoléu! Lá a senhora se tranca e manda dizer a ele que está morta. Corpo e alma separados não criam abismo tão grande como quando se despede a magnificência.

Cleópatra – Para o mausoléu! Mardian, vá e diga a ele que me matei. Conte que minha última palavra foi "Antônio" e profere a frase, por favor, para inspirar pena. Vá logo, Mardian, e venha me contar como ele reage à minha morte. Para o mausoléu!

Saem.

---

23. Ajax Telamônius, herói grego da Guerra de Troia, enlouquece quando não é ele, e sim Ulisses, quem é agraciado com o escudo de Aquiles por bravura; mata ovelhas pensando que são gregos e termina por suicidar-se. (N.T.)

24. O javali enviado pela deusa Diana para dizimar os campos de um rei grego. (N.T.)

CENA XIV

Alexandria. No palácio de Cleópatra.

Entram Antônio e Eros.

Antônio – Eros, tu ainda me enxergas?

Eros – Sim, meu nobre senhor.

Antônio – Às vezes enxergamos uma nuvem que nos parece um dragão, tem vapores que às vezes são como um urso ou um leão, uma cidadela com suas torres, um penhasco, uma montanha de picos gêmeos, um promontório azul com árvores que acenam para o mundo, e é tudo ar, zombando da nossa visão. Tu já viste esses sinais; são cortejos sombrios dos últimos instantes vespertinos.

Eros – Sim, senhor.

Antônio – O que agora é um cavalo, na velocidade de um pensamento já é armação que se desmonta e vai ficar tão indistinta como água na água.

Eros – É mesmo, senhor.

Antônio – Meu bom valete, Eros, agora teu capitão é assim como essas formas. Aqui sou Antônio e, no entanto, não posso conservar este corpo visível, meu amigo. Entrei em guerras pelo Egito, e a rainha, enquanto eu acreditava ser meu o coração dela... pois ela tinha o meu amor e, com ele, o amor de mais um milhão de corações, agora todos perdidos... ela, Eros, apostou em César, jogou com cartas marcadas, trapaceou comigo, e tenho de entregar os naipes diante do trunfo do inimigo. Não, nada de lágrimas, meu gentil

Eros: restamos nós dois a nós mesmos para darmos um fim a nossas vidas.

[Entra Mardian.]

Ah, essa tua ama e senhora, ladra infame: me deixou sem a minha espada!

Mardian – Não, Antônio, a minha ama e senhora vos amava, e o destino dela mesclou-se ao vosso por inteiro.

Antônio – Saia já daqui, seu insolente. Quero sossego, eunuco. Ela me traiu, e por isso pagará com a morte.

Mardian – Pagar com a morte é coisa que só se faz uma vez. E ela já se encarregou desse pagamento. O que vós queríeis está feito, e vos foi dado de bandeja. A última coisa que ela disse foi: "Antônio, meu nobre Antônio!". Depois, em meio a um gemido selvagem, tentou trazer uma vez mais o nome de Antônio aos lábios, mas este ficou a meio caminho, ainda preso ao coração. Por estar enterrado tão fundo nela, foi assim que ela deu à luz o vosso nome.

Antônio – Então… está morta?

Mardian – Morta.

Antônio – Eros, desarmar. Nossa empreitada para o dia de hoje está cumprida, e precisamos dormir. *[Dirigindo-se a Mardian]* – Você sair daqui com vida é paga mais que generosa pelo seu trabalho de mensageiro. Vai embora.

[Sai Mardian.]

Fora, arranca fora!

[Eros desveste-o de sua armadura.]

Nem o escudo sete vezes laminado de Ajax pode defender o meu coração dessa artilharia. Que se rache a minha couraça! Coração meu, desta vez sê mais forte que a caixa frágil que te contém e arrebenta com ela! – Rápido, Eros, rápido! Não sou mais um soldado. – Partes amassadas, fora! Vocês foram usadas com nobreza. – Agora sai um pouco, me deixa.

[Sai Eros.]

Vou te alcançar, Cleópatra, e vou chorar até que me perdoes. Assim deve ser, e qualquer demora é tortura. Já que se extinguiu a chama de tua vida, Antônio, deita e não te disperses mais. Agora qualquer esforço estragaria o que conquistasse; sim, a própria força enreda-se em seu vigor. Dá por encerrado, coloca o teu selo. – Eros! – Estou indo, minha rainha. – Eros! – Espere por mim. Entraremos de mãos dadas onde as almas reclinam-se em flores, e os espíritos contemplarão embevecidos nossa majestade. A rainha Dido e o seu Enéas[25] ficarão sem os seus cortejadores, e nós reinaremos absolutos nos campos elísios. – Vem, Eros, anda logo. Eros!

Entra Eros.

Eros – O que deseja o meu senhor?

Antônio – Desde que Cleópatra morreu, tenho vivido em tal desonra que até mesmo os deuses detestam-me,

---

25. A rainha Dido de Cartago (hoje Tunísia, norte da África) teve um amante romano, Enéas; ao contrário de Marco Antônio, Enéas abandona sua rainha africana depois de um tempo e preserva suas responsabilidades junto a Roma. (N.T.)

criatura vil que sou. Eu, que com minha espada dividi e conquistei o mundo e sobre o dorso verde de Netuno construí cidades feitas de navios, condeno-me a mim mesmo por não ter a coragem de uma mulher; por ser a minha mente menos nobre que a dela, que com sua morte diz ao nosso César: "Sou eu a conquistadora de mim mesma". Tu me prestaste juramento, Eros, que quando chegasse a hora... e é chegada a hora... em que eu me visse inexoravelmente perseguido pela desgraça e pelo horror, nessa hora tu, sob minhas ordens, terias de me matar. Faz isso. Agora é a hora. Tu não estarás abatendo a mim, mas é a César que estarás derrotando. Afasta a palidez de teu rosto.

Eros – Que os deuses me proíbam! Deverei eu fazer aquilo que nem todos os dardos de Pártia lograram fazer, embora fossem dardos inimigos mirando o alvo?

Antônio – Eros, será que tu preferirias estar na grande Roma, para então olhar de uma janela e ver teu amo e senhor de braços atados, cabeça baixa, ombros curvados pelo castigo, o rosto sem expressão, tomado de avassaladora vergonha, enquanto o trono sobre rodas do afortunado César vai na frente, marcando com o estigma a criatura abjeta que vem atrás?

Eros – Não quero ver isso, não.

Antônio – Então vamos lá, que basta um ferimento para me curar. Puxa desta tua digna espada, a mesma que usaste com tanta serventia por tua pátria.

Eros – Ah, meu senhor, me perdoe!

Antônio – Quando eu te libertei, tu não me juraste fazer isto quando fossem estas as minhas ordens? Faz agora, de uma vez; do contrário, todos os serviços que a mim prestaste até hoje terão sido incidentais e sem propósito. Puxa da espada e vem de encontro a mim.

Eros – Mas então desvie de mim esse rosto nobre, onde repousam a estima e a admiração de um mundo inteiro.

Antônio – Aí tens. *[Vira o rosto para o outro lado.]*

Eros – Já puxei de minha espada.

Antônio – Então deixa que ela cumpra de uma vez a ordem que te levou a desembainhá-la.

Eros – Meu caro mestre, meu capitão e meu imperador, permita-me despedir-me do senhor antes de dar o golpe sangrento: adeus.

Antônio – Estão aceitas as tuas despedidas, homem. Adeus.

Eros – Adeus, poderoso chefe. Devo golpear agora?

Antônio – Agora, Eros.

Eros *[mata-se]* – Pois aí está! Assim eu escapo da dor pela morte de Antônio.

Antônio – Três vezes mais nobre que eu mesmo! Tu me ensinaste, corajoso Eros, o que preciso eu fazer e o que não conseguiste tu fazer por mim. Minha rainha e Eros, por seus exemplos de bravura, entrarão para a história como dois mais nobres que eu. Mas serei um noivo em minha morte, e corro para ela como quem corre para a cama da amante. Que venha, então. Eros, teu mestre morre discípulo teu. Foi contigo que aprendi a fazer isto.

[Deixa-se cair sobre sua espada.]

Não morri? Não morri? A guarda, ei! Acabem comigo!

Entra a companhia da guarda, e um deles é Dércetus.

Primeiro Guarda – Que barulho é esse?

Antônio – Fiz trabalho mal feito, meus amigos. Terminem o que eu comecei!

Segundo Guarda – A estrela cai.

Primeiro Guarda – É o fim dos tempos.

Todos – Ai de nós, que desgraça!

Antônio – Aquele que me tem amor que dê cabo de mim.

Primeiro Guarda – Eu não.

Segundo Guarda – Eu também não.

Terceiro Guarda – Ninguém.

Saem todos os Guardas menos Dércetus.

Dércetus – Vossa morte e vossos azares ordenam a vossos seguidores que se ponham em fuga. Esta espada, se apresentada a César com estas notícias, vai me abrir portas.

Ele pega a espada de Antônio.

Entra Diomedes.

Diomedes – Onde está Antônio?

Dércetus – Ali, Diomedes, ali.

Diomedes – Está vivo? Por que não respondes, homem?

Sai Dércetus.

Antônio – Estás aí, Diomedes? Puxa de tua espada e desfere tantos golpes em mim quantos forem precisos para eu morrer.

Diomedes – Senhor absolutíssimo, venho da parte de minha ama e senhora, Cleópatra.

Antônio – Quando foi que ela te enviou?

Diomedes – Agora, senhor.

Antônio – Onde ela está?

Diomedes – Trancada em seu mausoléu. Ela teve um mau presságio sobre o que acaba de acontecer. Quando ela viu... o que nunca ninguém irá provar... que o senhor suspeitava que ela pudesse ter feito um acordo com César, e que a sua raiva, senhor, não tinha como ser purgada, ela mandou notícias de sua morte. Depois, temendo o que pudesse acontecer, enviou-me para dizer a verdade, e eu receio ter chegado tarde demais.

Antônio – Tarde demais, meu bom Diomedes. Chama a minha guarda, eu te suplico.

Diomedes – Ei, vocês, a guarda do imperador! A guarda, vocês, ei! Venham, o seu senhor chama.

Entram quatro ou cinco da Guarda de Antônio.

Antônio – Levem-me, amigos, até onde está Cleópatra. É o último serviço que eu lhes ordeno fazer.

Primeiro Guarda – Que infortúnio! E que pesar o nosso, senhor, que não possais sobreviver a vossos fiéis seguidores.

Todos – Que dia mais tenebroso!

Antônio – Não, meus amigos, não façam as vontades de um destino cruel, honrando-o com o seu pesar. Deem as boas-vindas à nossa punição, e nós a puniremos com a aparência de quem a suporta bem. Carreguem-me. Muitas vezes fui eu quem os liderei. Levem-me agora, meus amigos, e recebam todos a minha gratidão.

Saem, carregando Antônio e Eros.

CENA XV

Alexandria. No mausoléu de Cleópatra.

Entram Cleópatra e suas Aias, no mezanino do palco, juntamente com Charmian e Iras.

Cleópatra – Ah, Charmian, jamais sairei daqui.

Charmian – Console-se, minha boa senhora.

Cleópatra – Não, não quero me consolar. Acontecimentos estranhos e terríveis são bem-vindos, todos, mas desprezamos qualquer consolo. Nossa dor, proporcional à causa pela qual lutamos, deve ser tão grandiosa quanto aquilo que a faz ser dor.

[Entra Diomedes, embaixo.]

O que foi, agora? Ele está morto?

Diomedes – A morte está sobre ele, mas não, não está morto. Olhe para fora, no outro lado do seu mausoléu; a guarda do imperador trouxe-o para cá.

Entra Antônio, embaixo, com a Guarda carregando-o.

CLEÓPATRA – Ó Sol, queimai a grande esfera[26] em que vos moveis; que fiquem na escuridão as diferentes praias do mundo! Ó Antônio, Antônio, Antônio! Socorro, Charmian, socorro, Iras, acudam! Socorram vocês também, amigos, aí embaixo! Vamos trazê-lo aqui para cima.

ANTÔNIO – Silêncio. Não foi o valor de César que derrotou Antônio, mas é o valor de Antônio que triunfa sobre si mesmo.

CLEÓPATRA – Assim deve ser: ninguém a não ser Antônio pode conquistar Antônio, mas é um infortúnio que seja assim.

ANTÔNIO – Estou morrendo, Egito, morrendo. Mas aqui peço à morte que se atrase um pouco, pelo menos até que eu tenha tocado os teus lábios no último de muitos milhares de beijos.

CLEÓPATRA – Não posso me arriscar, querido. Meu senhor, meu querido, perdão, mas eu não posso me arriscar a ser presa. O cortejo do triunfo imperial do bem-afortunado César jamais me terá como enfeite. Enquanto as facas tiverem fio, as serpentes souberem picar, e as drogas fizerem efeito, eu estou segura. Sua esposa Otávia, com seu olhar recatado e sua opinião calada, não vai adquirir mais virtude às minhas custas; não lhe darei chance de me olhar enviesado. Mas vem, vem, Antônio... Ajudem-me, mulheres... precisamos trazê-lo cá para cima. Ajudem-nos, amigos.

---

26. Na astronomia de Ptolomeu, o Sol fixa-se em uma esfera oca que se move (e faz o Sol girar) ao redor da Terra. (N.T.)

Antônio – Rápido, que estou me indo.

Começam a içá-lo.

Cleópatra – Aqui temos diversão da boa! Como é pesado o meu senhor! Toda a nossa força vai se acabando em um pesar que torna ainda mais pesado o teu peso. Tivesse eu os poderes da grande Juno, e Mercúrio, de asas fortes, viria te buscar e te colocaria ao lado de Júpiter. Mas vem, devagarinho, vem. Só os de muita ingenuidade acreditam em desejos que se tornam realidade. Ah, vem, vem, vem!

[Terminam de içar Antônio até Cleópatra.]

Bem-vindo, sê bem-vindo! Morre só depois de ter vivido. Reanima-te com beijos. Tivessem os meus lábios esse poder, eu os gastaria assim.

Ela o beija.

Todos – Ah, triste visão!

Antônio – Estou morrendo, Egito, morrendo. Me dá um pouco de vinho, e me deixa falar um pouco.

Cleópatra – Não, quem vai falar sou eu, e vou gritar de raiva, e vou xingar tão alto que aquela esposa falsa, a Fortuna, ao fiar, quebre sua roda, cutucada pelos meus insultos.

Antônio – Uma palavra, minha doce rainha: busca junto a César tua honra e tua segurança. Ai!

Cleópatra – Honra e segurança não combinam.

Antônio – Querida, presta atenção: não confia em nenhum ao redor de César, com exceção de Proculêius.

Cleópatra – Eu confio em meus propósitos e em minhas mãos; nenhum ao redor de César.

Antônio – Esta minha miserável mudança agora no fim da vida, não a lamentes, nem sofras; antes, delicia teus pensamentos alimentando-os da lembrança de minha boa sorte de antes, quando eu vivi o maior príncipe do mundo, o mais nobre; e não morro agora de modo vil, e não entrego de modo covarde o meu elmo ao meu compatriota… um romano por um romano com valentia vencido. Agora minha alma se despede; eu não aguento mais.

Cleópatra – Mais nobre dos homens, tu queres morrer? Não pensas em mim? Vou ter de ficar neste mundo sem graça, que na tua ausência não passa de um chiqueiro? Ai, vejam, mulheres:

[Antônio morre.]

A coroa do mundo derretendo! Meu senhor! Ah, murchos estão os louros da vitória na guirlanda da guerra; o soldado não pode mais apresentar armas. Rapazes e meninas agora equiparam-se a homens; desaparecem as diferenças, e não sobra nada de notável à luz da Lua que nos visita. *[Começa a desmaiar.]*

Charmian – Calma, senhora!

Iras – Também está morta, a nossa soberana.

Charmian – Alteza!

Iras – Minha ama!

Charmian – Ah, minha senhora. Senhora, Alteza!

Iras – Egito Real! Imperatriz!

[Cleópatra faz um movimento.]

Charmian – Silêncio, Iras, silêncio.

Cleópatra – Não sou mais que uma mulher, e deixo-me comandar pelas mesmas paixões que movem a moça que ordenha a vaca ou que limpa os lugares mais fétidos. A mim caberia agora jogar meu cetro contra os deuses daninhos e dizer-lhes que este mundo era como o deles antes que nos roubassem a nossa joia. Nada vale a pena. Ter paciência é burrice, e a impaciência fica bem em cão raivoso. Então, será que é pecado correr até a morada secreta da morte antes que a morte se atreva a vir até nós? E então, mulheres? Ora, ora, animem-se! Ora, mas o que foi, Charmian? Minhas nobres mulheres! Vamos lá, moças! Vejam, apagou-se a nossa luz, gastou-se o nosso fogo. Homens,[27] criem coragem. Vamos enterrá-lo; e depois, com valentia e com nobreza, vamos fazer tudo em alto estilo romano, e a morte terá orgulho de nos levar. Venham, vamos embora. Já esfriou o envoltório daquela grande alma. Ah, mulheres, mulheres! Venham, que não temos outro amigo fora a nossa decisão e um fim rápido.

Saem todas do mezanino, carregando o corpo de Antônio.

27. Dirigindo-se às mulheres. (N.T.)

QUINTO ATO

CENA I

Alexandria. No acampamento de César.

Entram César, Agripa, Dolabella, Mecenas, Gallus e Proculêius, com seu conselho de guerra.

CÉSAR – Vá até ele, Dolabella, peça-lhe que se entregue. Sem defesas como está, diga-lhe o seguinte: com essa demora em render-se ele se expõe ao ridículo.

DOLABELLA – Farei isso, César.

Sai.

Entra Dércetus, com a espada de Antônio.

CÉSAR – Mas o que significa isso? E quem és tu que te atreves a aparecer assim[28] em nossa presença?

DÉRCETUS – Meu nome é Dércetus. Servi a Marco Antônio, bom amo a quem tive a honra de prestar bons serviços. Enquanto ele ainda caminhava e falava, foi meu mestre, e sacrifiquei minha vida sacrificando seus inimigos. Se me quiserdes a vosso serviço, o que fui para Antônio serei para César; se não, entrego a vós minha vida.

CÉSAR – O que estás dizendo?

DÉRCETUS – Eu vos digo, ó César, que Antônio está morto.

28. Portando uma espada desembainhada. (N.T.)

César – A revelação de algo tão devastador deveria causar um terremoto, rachar a terra. O mundo despejaria leões em ruas civilizadas, e os cidadãos correriam para suas tocas. A morte de Antônio não é o fim de um só; em seu nome estava metade do mundo.

Dércetus – Ele está morto, César. Morreu não por um agente público da justiça, nem por um punhal mercenário. A própria mão de Antônio, que escreveu sua honra nas ações executadas de uma vida inteira, com a coragem que o coração lhe emprestou, partiu o coração ao meio. Esta é a espada;

[Oferece a espada.]

Roubei-a de seu ferimento. Olhai como está manchada de seu nobre sangue.

César – Os senhores estão tristes, meus amigos? Que me censurem os deuses se estas não são notícias de banhar os olhos de qualquer rei.

Agripa – É estranho como a natureza nos leva a lamentar acontecimentos que muito desejamos e tanto perseguimos.

Mecenas – As falhas e a honra nele se igualavam.

Agripa – Espírito assim tão raro jamais liderou a humanidade; mas vós, deuses, insistem em conferir-nos as faltas que nos tornam humanos. César está comovido.

Mecenas – Quando um espelho de tal magnitude coloca-se diante dele, ele não pode deixar de ver-se a si mesmo.

César – Ó Antônio, eu te persegui até este ponto; mas era necessário lancetarmos as doenças de nossos corpos. Eu precisava mostrar-te os meus dias de declínio, ou então testemunhar os teus. Não podíamos coabitar o mesmo mundo, governar o mundo inteiro. Ainda assim, deixa-me lamentar com lágrimas tão decisivas como o sangue do coração: tu, meu irmão, meu parceiro e rival, nas mais difíceis campanhas, meu igual no império, amigo e companheiro nas linhas de frente de todas as guerras, meu próprio braço, o coração onde o meu próprio coração inflamava-se com suas ideias corajosas... E pensar que as nossas estrelas, irreconciliáveis, viriam dividir aquela nossa parceria de iguais a este ponto! Ouçam-me, amigos...

[Entra um Egípcio.]

Mas eu deixo para lhes contar em momento mais propício. A expressão desse homem nos fala de assuntos urgentes. Ouviremos o que ele tem a dizer. – De onde vens? Quem és?

Egípcio – Ainda um pobre egípcio, venho a mando de minha senhora, a rainha, confinada em tudo que tem, o seu mausoléu. De vossos intentos ela deseja ser inteirada, para que possa preparar-se e amoldar-se ao papel que será forçada a assumir.

César – Pede a ela que alivie o coração. Logo terá notícias nossas, através de algum mensageiro romano, de como será determinado o seu destino, com honra e com cortesia, pois César não conseguiria viver se não fosse gentil.

Egípcio – Que os deuses assim vos conservem!

Sai.

César – Venha cá, Proculêius. Vá até ela e diga-lhe que não é nosso objetivo humilhá-la. Ofereça a ela tudo o que for preciso para consolá-la na intensidade de seu luto, tudo para que ela não nos derrote em sua grandeza com um golpe de morte, pois ela, viva, e em Roma, pode tornar-se eterna em nosso triunfo. Vá, e venha nos contar com a maior rapidez o que foi que ela disse e como ela está.

Proculêius – Farei isso, César.

Sai Proculêius.

César – Gallus, vá junto com ele.

[Sai Gallus.]

Onde está Dolabella, para ir com Proculêius?

Todos – Dolabella!

César – Podem deixar, que agora eu me lembrei: ele está ocupado com outra coisa; mas ficará pronto a tempo de ir junto. Venham comigo até minha barraca, senhores, onde poderão ver com que relutância entrei nesta guerra, com quanta calma e com quanta deferência expressei-me nos meus escritos, sempre. Venham comigo, senhores, e observem que tudo isso eu posso provar.

Saem.

CENA II

Alexandria. No mausoléu de Cleópatra.

Entram Cleópatra, Charmian, Iras e Mardian.

CLEÓPATRA – Minha desolação já me está preparando uma vida melhor. Ser César é coisa insignificante. Não sendo ele próprio o Destino, não passa de um escravo do Destino, um agente de suas vontades. Grandioso é cometer aquele ato que põe um fim a todos os outros feitos, impede acidentes e evita mudanças, adormece e nunca mais saboreia o que nasce do estrume e alimenta mendigos e Césares.

Entra Proculêius; vai até os portões do mausoléu.

PROCULÊIUS – César envia saudações à Rainha do Egito, e vos pede estudar justas reivindicações, aquelas que vós desejais por ele atendidas.

CLEÓPATRA – Qual o teu nome?

PROCULÊIUS – Proculêius.

CLEÓPATRA – Antônio me falou de você, pediu-me que confiasse em você, mas a mim pouco importa ser enganada; confiar já não é de serventia para mim. Se o seu amo quer ter uma rainha no papel de mendiga, você deve a ele dizer que a majestade, para manter o decoro, não pode mendigar menos que um reino. Se a ele agrada entregar o Egito conquistado a meu filho, ele me entrega tanto do que é meu que eu me ajoelho diante dele agradecida.

PROCULÊIUS – Animai-vos. Vós caístes nas mãos de um príncipe. Não há o que temer. Podeis relatar sem reservas vosso caso ao meu amo, tão cheio de misericórdia que suas dádivas transbordam sobre todos os necessitados. Deixai-me contar a ele de vossa doce sujeição, e vós encontrareis um conquistador que solicita serventia onde ele, por sua imensa graça, já tem diante de si gente ajoelhada.

CLEÓPATRA – Eu lhe peço, diga a ele: sou uma vassala do destino de César, e em César admito, de minha parte, a grandeza que ele já tem. A cada hora aprendo uma lição de obediência, e meu desejo é, com alegria, olhar César nos olhos.

PROCULÊIUS – Direi isso a ele, minha cara dama. Consolai-vos, pois eu sei que sente compaixão por vossa dor aquele que a infligiu.

[Alguns homens da Guarda vêm por trás de Cleópatra e prendem-na.]

Viram como é fácil, pegá-la de surpresa? Mantenham-na sob guarda até que chegue César.

IRAS – Minha real rainha!

CHARMIAN – Ah, Cleópatra! Fostes capturada, rainha.

CLEÓPATRA – Rápido, minhas boas mãos, rápido. *[Sacando de uma adaga.]*

PROCULÊIUS – Não, valorosa dama, não!

[Segura e desarma Cleópatra.]

Não fazei mal a vós mesma, que desta situação estais salva, e não traída.

CLEÓPATRA – O quê? Estou salva da morte também, essa que livra do sofrimento os nossos cachorros?

Proculêius – Cleópatra, não abuseis da generosidade do meu mestre destruindo-vos. Deixai que o mundo assista ao gesto nobre de César, coisa que vossa morte impediria.

Cleópatra – Onde estás, Morte? Vem cá, vem! Vem, e leva uma rainha que vale um sem-número de nenéns e necessitados.

Proculêius – Ah, senhora, abrandai-vos.

Cleópatra – Senhor, eu não comerei, eu não beberei; se for preciso, jogo conversa fora mas também não dormirei. Este invólucro mortal eu arruinarei, faça César o que fizer. Saiba, senhor, que não vou ser pássaro servil e desasado na corte de seu mestre, e nem uma única vez serei castigada pelo olhar severo de uma Otávia insípida. Querem me exibir aos plebeus, me colocar no alto e diante de mim a ralé, aos berros, de uma Roma que me censura? Prefiro uma vala no Egito que me receba como suave sepultura. Prefiro deitar nua em pelo no lodo do Nilo e deixar as moscas depositarem seus ovos em mim e ficar horrorosamente inchada de suas larvas nojentas. Prefiro fazer das pirâmides[29] de meu país o meu patíbulo e enforcar-me acorrentada!

Proculêius – Essas ideias de horror vós estais aumentando muitas vezes mais do que permite a realidade dos atos de César.

Entra Dolabella.

---

29. À época de Shakespeare, os ingleses pensavam que as pirâmides egípcias fossem construções parecidas com obeliscos. (N.T.)

Dolabella – Proculêius, teu amo César já sabe do que fizeste, e mandou buscar-te. Quanto à rainha, ela fica sob minha guarda.

Proculêius – Pois não, Dolabella; isso me deixa satisfeito. Seja gentil com ela. *[Dirigindo-se a Cleópatra]* – Direi a César o que desejardes, se for de vosso gosto usar-me como mensageiro.

Cleópatra – Diga-lhe que desejo morrer.

Sai Proculêius, com Soldados.

Dolabella – Minha nobre imperatriz, a senhora já ouviu falar de mim?

Cleópatra – Não sei dizer.

Dolabella – Mas com certeza a senhora me conhece.

Cleópatra – Não interessa, senhor, o que ouvi falar, o que conheço ou deixo de conhecer. O senhor ri quando meninos ou mulheres lhe contam os seus sonhos, não é assim que o senhor faz?

Dolabella – Não estou entendendo, senhora.

Cleópatra – Eu sonhei que existia um imperador Antônio. Ah, dormir assim de novo, só para ver de novo um homem daqueles!

Dolabella – Se fosse do seu agrado…

Cleópatra – O rosto dele era a face do firmamento, e ali estavam o Sol e a Lua, mantendo seu curso, iluminando o globo,[30] a Terra.

---

30. Shakespeare encenava suas peças no *Globe Theatre*, ou seja, no Teatro Globo, e daí um possível duplo sentido do termo. (N.T.)

Dolabella – Minha soberana criatura...

Cleópatra – Com algumas passadas ele atravessava os mares; o braço dele, erguido, era a crista do mundo. A voz? Tinha a harmonia das esferas quando ele conversava com as pessoas que lhe eram queridas. Mas quando ele queria desacorçoar a orbe e sacudi-la, era um trovão retumbante. Por recompensa, não teve inverno; foi um outono que, quanto mais dele se colhia, mais ele brotava. Seus prazeres eram como os golfinhos: apresentavam o dorso dele acima do ambiente em que se criavam. Contavam-se reis e príncipes entre os seus serviçais de libré. Como moedas de prata, caíam-lhe dos bolsos reinos e ilhas.

Dolabella – Cleópatra...

Cleópatra – Você acha que existiu ou poderá existir homem como este com quem eu sonhei?

Dolabella – Minha gentil senhora... Não.

Cleópatra – Você mente, para o caso de estarem os deuses escutando. Mas, se não há nem nunca houve homem assim, então é coisa que está fora do alcance do nosso sonhar. Falta na Natureza o material certo para criar formas estranhas que possam competir com as formas da imaginação. E, no entanto, é só imaginar um Antônio que seja produto da Natureza contra a imaginação, e desengana-se por completo a imagem em nossa ideia inventada.

Dolabella – Ouça-me, gentil senhora: a sua perda é como a sua própria pessoa: grande. E esse peso a senhora está suportando. Que os meus desejos de prosperidade jamais se concretizem se não estou sentindo, como reflexo da sua, uma dor que me golpeia no âmago do meu coração.

Cleópatra – Eu lhe sou agradecida, senhor. Sabe você, por um acaso, o que César pretende fazer comigo?

Dolabella – Reluto em dizer-lhe o que eu gostaria que a senhora soubesse.

Cleópatra – Nada disso, senhor. Eu lhe peço, diga-me.

Dolabella – Embora ele seja honrado...

Cleópatra – Então ele vai me conduzir em triunfo.

Dolabella – Ele vai, senhora. Esse tanto eu sei.

Fanfarra. Entram Proculêius, César, Gallus, Mecenas e outros de seu séquito.

Todos – Abram caminho para o César!

César – Quem aqui é a Rainha do Egito?

Dolabella – É o imperador, senhora.

Cleópatra ajoelha-se.

César – Levante-se, você não deve ajoelhar. Eu lhe peço, ponha-se de pé. Ponha-se de pé, Egito.

Cleópatra *[levantando-se]* – Senhor, os deuses querem assim. Devo obedecer ao meu mestre e senhor.

César – Não se atormente censurando-se. O registro dos danos que você nos causou, muito embora marcados em nossa carne, nós lembraremos como coisas do acaso.

Cleópatra – Senhor absoluto do mundo, eu não sei apresentar minha própria causa tão bem a ponto de argumentá-la com clareza, mas confesso que tem me oprimido fragilidades como aquelas que quase sempre envergonharam as de nosso sexo.

César – Cleópatra, saiba que vamos desculpar em vez de aplicar sanções. Se você se dedicar aos nossos propósitos, claramente gentis para com sua pessoa, você só vai encontrar benefícios nessa mudança; mas, se quiser seguir o exemplo de Antônio, tornando-me cruel aos olhos dos outros, você não só se priva de meus bons intentos, mas também coloca os seus filhos no caminho da destruição, da qual eu os defenderei se você confiar em mim. Com sua licença, eu me retiro.

Cleópatra – E pode retirar-se de qualquer parte do mundo; ele é seu! E nós, os seus brasões e os seus símbolos de conquista, o senhor pode nos pendurar onde bem entender. Pegue aqui, bom senhor.

Oferece a ele um rolo de pergaminho.

César – Você deverá aconselhar-me em todas as questões referentes a Cleópatra.

Cleópatra – Esse é o inventário do dinheiro, prataria e joias que possuo. Tudo avaliado com precisão, omitidas as coisas de menor valor. Onde está Seleuco?

Entra Seleuco.

Seleuco – Estou aqui, senhora.

Cleópatra – Esse é o meu tesoureiro. Peço-lhe que dê permissão para ele falar por sua conta e risco, meu senhor, confirmando-lhe que não separei nada para mim mesma. Fale a verdade, Seleuco.

Seleuco – Senhora, prefiro selar os lábios a falar por minha conta e risco aquilo que não é.

Cleópatra – O que foi que eu não declarei?

Seleuco – O bastante para comprar o que a senhora declarou.

César – Não tem por que ficar vermelha, Cleópatra. Sua sabedoria na feitura desse documento tem minha aprovação.

Cleópatra – Está vendo, César? Ah, mas olhe só: como são esses, os que servem à realeza! Os meus agora serão seus e, se trocássemos de lugar, os seus seriam meus. A ingratidão desse Seleuco me tira do sério. – Ah, escravo, dá para confiar em ti tanto quanto em amor de prostituta! Mas o que é isso? Estás querendo retirar o que disseste? É o que deves fazer, mesmo: negar o dito. Isso eu te garanto. Mas ainda vou te arrancar os olhos, mesmo que eles tivessem asas para voar. Escravo, patife sem alma, cachorro! Ah, criatura vil, excepcionalmente vil!

César – Minha boa rainha, por favor…

Cleópatra – Ah, César, esse é um vexame que me ofende: vós me concedestes a honra de vossa visita; destes a graça de vossa nobre presença junto a alguém tão submissa; e meu próprio servo vem e soma ao total das minhas desgraças a parcela de sua maldade! Digamos, meu bondoso César, que eu tenha separado algumas quinquilharias de mulher, uns brinquedinhos insignificantes, coisas de pouca distinção com as quais presenteamos amigos menos importantes; e digamos que eu tenha reservado alguns mimos de mais nobre valor para Lívia[31] e Otávia, para que assumissem o papel de mediadoras; ora, por isso devo eu ser denunciada por alguém que eu praticamente criei? Por todos os deuses! Isso me derruba mais para baixo do que a minha própria queda. *[Dirigindo-se a Seleuco]* – Eu te peço, vai-te embora, senão eu vou acabar expondo as brasas vivas que sobraram do meu espírito no meio das cinzas da minha má sorte. Fosses tu um homem e terias dó de mim.

César – Retira-te, Seleuco.

Seleuco retira-se.

Cleópatra – Pois saibam todos que nós, os grandes, somos julgados, e mal, por coisas que não fizemos, mas antes por atos de terceiros; e, quando caímos, respondemos pelo caráter de outros que agiram em nosso nome e somos, pois, dignos de pena.

César – Cleópatra, nem o que você separou nem o que declarou colocamos nós no espólio da conquista. Ainda é tudo seu, para dispor, dar e doar ao seu bel-prazer. Acredite, César não é nenhum mercador para lucrar consigo em coisas que os mercadores vendem. Portanto, alegre-se. Não faça de seus pensamentos a sua prisão. Não, minha cara rainha, pois pretendemos tratá-la segundo o seu aconselhamento. Alimente-se, e procure dormir. Fazemos questão de ter para com você piedade e zelo, tanto que nós nos declaramos seu amigo. E, agora, eu me despeço; adeus.

Cleópatra – Meu mestre, meu senhor!

31. A esposa de Otávio César. (N.T.)

César – Nem um, nem outro. Adeus.

Fanfarra. Saem César e seu séquito.

Cleópatra – Ele usa de palavras para me engambelar, mulheres, tudo palavrório, para que eu não aja com nobreza comigo mesma. Mas ouve aqui, Charmian.

Sussurra algo para Charmian.

Iras – Chega, minha boa senhora. É um dia de luz que termina; estamos entrando na noite.

Cleópatra – Volta rápido. Já dei minhas ordens, e tudo está acertado. Agora vai e apura com as providências.

Charmian – Estou indo, senhora.

Entra Dolabella.

Dolabella – Onde está a rainha?

Charmian – Olhe ali, senhor.

Sai.

Cleópatra – Dolabella!

Dolabella – Senhora, como eu me pus sob juramento às suas ordens, coisa que o meu amor por vós torna sagrado obedecer, eu vos tenho a dizer o seguinte: César pretende uma viagem pela Síria, e dentro de três dias a senhora, juntamente com vossos filhos, será enviada na frente. Fazei o melhor uso que quiserdes desta informação. Quanto a mim, cumpri as vossas ordens e mantive a minha promessa.

Cleópatra – Dolabella, fico para sempre devedora sua.

DOLABELLA – E eu, vosso criado. Adeus, minha boa rainha. Devo agora servir a César.

CLEÓPATRA – Adeus, e muito obrigada.

[Sai Dolabella.]

Agora, Iras, o que pensas disso? Tu, um títere egípcio a ser exibido em Roma tanto quanto eu. Escravos, trabalhadores quaisquer, de aventais gordurosos, réguas e martelos irão nos erguer no ar para que todos nos vejam. No mau hálito deles vamos sentir o cheiro de comida barata; seremos obrigadas a respirar naquela nuvem quente do bafo dos plebeus que nos cercam.

IRAS – Que os deuses não permitam uma coisa dessas!

CLEÓPATRA – Não, Iras, isso é certo. Litores lascivos e insolentes vão pensar que somos rameiras, e maus poetas vão escrever baladas ruins sobre nós. Os bons comediantes, de improviso, põem nossa história no palco e apresentam Orgias de Alexandria. Antônio será representado bêbado, e eu vou assistir à Cleópatra esganiçada de um rapazote, toda a minha majestade em pose de puta.

IRAS – Ah, os meus bons deuses!

CLEÓPATRA – Não, Iras, isso é certo.

IRAS – Não viverei para ver tal coisa! Tenho certeza de que minhas unhas são mais fortes que os meus olhos.

CLEÓPATRA – Isto! Essa é a maneira de ludibriar toda a preparação deles, e de derrotar as suas mais absurdas intenções.

[Entra Charmian.]

Muito bem, Charmian! Aprontem-me, mulheres, como uma rainha. Vão buscar os meus melhores trajes. Estou voltando para o rio Cidno, para me encontrar com Marco Antônio. Serva Iras, vá... Agora, minha nobre Charmian, vamos tratar de me despachar... E quando tu tiveres cumprido com esta tarefa, tens minha licença para folgares até o dia do Juízo Final. Tragam a nossa coroa e tudo o mais.

[Sai Iras. Ouve-se um barulho de fora do palco.]

O que foi esse barulho?

Entra um Guarda.

Guarda – Temos aqui um sujeito do campo, que insiste em ser levado à presença de Vossa Alteza. Ele vos traz figos.

Cleópatra – Que ele entre.

[Sai o Guarda.]

E pensar que um pobre instrumento é capaz de tão nobre ato! Ele me traz liberdade. Minha decisão está tomada, e não sobra nem resquício de mulher em mim. Agora da cabeça aos pés sou constante feito mármore; agora a Lua, inconstante, não é planeta em minha órbita.

Entram o Guarda e o Campônio, trazendo uma cesta.

Guarda – Este é o homem.

Cleópatra – Vá-se embora, e deixe-o ficar.

[Sai o Guarda.]

Tens aí contigo a bela serpente do Nilo, que mata sem machucar?

CAMPÔNIO – Tenho sim, mas não desejo ser eu quem vai querer ver a senhora tocar o bicho, porque a mordida dele é imortal. Os que morrem dela nunca ou quase nunca se recobram.

CLEÓPATRA – Te lembras de alguém que morreu assim?

CAMPÔNIO – Muitos, senhora, muitos e muitos, homens e mulheres. Me contaram de alguém ainda ontem: uma mulher, muito honesta, mas um pouco dada a deitar por aí suas mentiras, coisa que as mulheres não devem fazer, a não ser pela honra; pois ela morreu dessa cobra, e que coisas ela não sentiu! Verdade que ela dá um bom relatório do tamanho da cobra. Mas quem acredita em tudo o que dizem os outros jamais será salvo nem pela metade do que fazem os outros. Mas isso é muito falhável, e a cobra é uma cobra estranha.

CLEÓPATRA – Vai-te embora daqui, adeus.

CAMPÔNIO – Que a senhora conheça todas as alegrias da cobra. *[Deixando ali a cesta.]*

CLEÓPATRA – Adeus.

CAMPÔNIO – A senhora deve considerar o seguinte, veja bem: a cobra vai agir conforme sua natureza.

CLEÓPATRA – Sim, está certo, adeus.

CAMPÔNIO – Veja bem: não se deve confiar em cobra se ela não for a cobra de um homem sábio, porque, de fato, não tem bondade na cobra.

CLEÓPATRA – Não te preocupes; estarei atenta.

CAMPÔNIO – Muito bem. Não lhe dê nada, isso eu lhe peço, porque ela não vale a comida que come.

CLEÓPATRA – Será que ela me come?

Campônio – A senhora não pense que sou assim tão ingênuo, não; eu sei muito bem que nem o diabo em pessoa come uma mulher. Eu sei que uma mulher é prato para os deuses se o diabo não apimentar ela com roupas. Mas, verdade seja dita, esses mesmos diabos filhos da mãe prejudicam os deuses através das mulheres, pois, de cada dez que os deuses criam, os diabos estragam cinco.

Cleópatra – Certo, agora vai andando. Adeus.

Campônio – Sim, claro. Que a cobra lhe dê umas alegrias.

Sai.

Entra Iras com o traje real.

Cleópatra – Dê-me o manto. Coloquem em mim a coroa. Tenho desejos imortais. Agora o sumo das uvas do Egito já não molhará mais os meus lábios.

[As mulheres a vestem.]

Rápido, mais agilidade, Iras, depressa. Parece até que posso ouvir Antônio me chamando. Eu o vejo, levantando-se para cumprimentar-me por meu nobre ato. Escuto Antônio zombando da sorte de César: uma sorte que os deuses primeiro dão ao homem para depois com ela justificar a ira divina.[32] Meu esposo, já estou a caminho, e vou me acabando! Que a minha coragem me dê o direito de intitular-me tua esposa. Sou fogo e ar. Meus outros elementos, eu os entrego a esta

32. Conforme o pensamento de que os homens de muita sorte acabam tornando-se arrogantes e consequentemente mereceriam a ira dos deuses. Era notória a sorte de Otávio César em confrontos com Marco Antônio, mesmo em jogos de azar. (N.T.)

vida inferior, que se faz de barro e água. Estás pronto? Então vem, e suga o último calor dos meus lábios. Adeus, minha dedicada Charmian. Iras, despeço-me de você com um longo adeus.

[Beija as duas. Iras cai e morre.]

Já tenho a áspide nos meus lábios? Se você, Iras, consegue da vida separar-se com tanta delicadeza, o golpe da morte é como um apertão de amante, que dói e que se deseja. E você não se mexe, aí deitada? Se assim escolheu desaparecer, você declara ao mundo que de nada valem as despedidas.

Charmian – Some, negra nuvem, e faz chover; mostra--me que os deuses estão chorando!

Cleópatra – Isso[33] prova que sou pessoa vil. Se ela encontra primeiro o meu Antônio de cabelos crespos, ele vai lhe pedir informações e vai desperdiçar nela o beijo que é meu e que é o meu paraíso. Vem cá, tu, criatura letal, *[aplica uma áspide ao peito]* com teus dentes afiados desata de uma vez este nó intrincado da vida. Bobinha! Minha pobre criatura venenosa, encoleriza-te e trata de me despachar. Ah, se pudesses falar, eu gostaria de te ouvir chamando o grande César de cretino, um marmanjo que foi feito de bobo.

Charmian – Ah, estrela do oriente!

Cleópatra – Silêncio, silêncio! Não vês o meu neném mamando no meu peito, fazendo adormecer a ama-seca?

Charmian – Ah, senhora, pare com isso, vamos, pare com isso!

33. Iras ter morrido antes de Cleópatra. (N.T.)

Cleópatra – Doce como um bálsamo, suave como uma brisa, acariciante… Ah, Antônio!… Sim, sim, eu te quero também.

[Aplica uma outra áspide ao braço.]

Por que eu ficaria mais tempo…

Morre.

Charmian – Neste mundo de selvagens? Então, vá em paz. Agora podes te vangloriar, Morte: em tuas mãos repousa uma mulher sem igual. Suaves janelas,[34] fechem-se. E Febo, o dourado deus-sol, nunca mais será contemplado por olhos de tamanha realeza! Sua coroa está torta, senhora. Vou ajeitá-la, e depois posso folgar…

Entra a Guarda, agitados e às pressas.

Primeiro Guarda – Onde está a rainha?

Charmian – Falem baixo, que é para não acordá-la.

Primeiro Guarda – César nos enviou…

Charmian – Mensageiros lentos demais.

[Aplica em si uma áspide.]

Ah, vem rápido, e me despacha. Já posso te sentir em parte.

Primeiro Guarda – Aproximem-se, ei, venham! Está tudo errado aqui. César foi enganado.

Segundo Guarda – Temos Dolabella, enviado de César. Chamem-no.

Sai um Guarda.

---

34. As pálpebras de Cleópatra. (N.T.)

Primeiro Guarda – O que temos aqui, Charmian? Por acaso um serviço bem-feito?

Charmian – Bem-feito, e digno de uma princesa, filha e neta de reis, tantos e tão importantes. Ah, soldado!

Morre.

Entra Dolabella.

Dolabella – O que está acontecendo aqui?

Segundo Guarda – Todas mortas.

Dolabella – César, vossos receios tornaram-se realidade. Estais chegando para ver executado o terrível gesto que tanto procurastes impedir.

Entra César, acompanhado de todo o seu séquito, em marcha.

Todos – Abram caminho para o César!

Dolabella – Ah, senhor, vós tínheis razão em vosso presságio. O que vós temíeis está feito.

César – Corajosa até o fim, fez mira contra os nossos propósitos e, sendo realeza, decidiu o seu próprio rumo. Como foi que morreram? Não vejo sangue.

Dolabella – Quem esteve por último com elas?

Primeiro Guarda – Um humilde homem do campo, que trouxe figos para a rainha. Era esta a cesta dele.

César – Envenenadas, então.

Primeiro Guarda – Ah, César, Charmian, aqui, esta viveu até inda agorinha. Pôs-se de pé e falou. Eu a encontrei ajeitando o diadema de sua senhora morta. Estava de pé, tremia, e de repente caiu.

César – Ah, nobre fraqueza. Se elas tivessem engolido veneno, estariam inchadas. Mas ela parece estar dormindo, como se quisesse agarrar um outro Antônio em sua poderosa rede de graciosos encantos.

Dolabella – Aqui no seio tem um pouco de sangue, e um ponto inchado. No braço, a mesma coisa.

Primeiro Guarda – Isto aqui é o rastro de uma áspide, e estas folhas de figo têm um visco lodoso, como as folhas que as áspides deixam em suas tocas, nas margens do Nilo.

César – É bem provável que foi assim mesmo que ela morreu. Seu médico conta que ela buscou infinitas fórmulas de meios fáceis de morrer. Levem-na em seu leito, e carreguem suas damas de companhia para fora do mausoléu. Ela será enterrada ao lado de seu amado Antônio. Não há outra sepultura na terra que acolha um par tão famoso. Acontecimentos desta magnitude entristecem os que deles participam. E a história deles merece tanta piedade quanto a nossa glória, que os levou a serem lastimados. Nosso exército deve assistir esse funeral, dando-lhe cerimônia solene. Depois, partimos para Roma. Venha, Dolabella, veja que sejam seguidas as maiores pompas nessa solenidade.

Saem todos, carregando os corpos.

SOBRE A TRADUTORA

Beatriz Viégas-Faria é tradutora formada pela Universidade Federal do Rio Grande do Sul (1986), com especialização em linguística aplicada ao ensino do inglês (UFRGS, 1991). Em 1999, concluiu mestrado na Pontifícia Universidade Católica do Rio Grande do Sul em linguística aplicada, com dissertação sobre a tradução de implícitos em *Romeu e Julieta*. Em 2004, concluiu doutorado com tese sobre tradução de implícitos em *Sonho de uma noite de verão* na mesma instituição. Em 2003, realizou pesquisa em estudos da tradução e tradução teatral na University of Warwick, Inglaterra. Começou a trabalhar com traduções de obras literárias em 1993 e, desde 1997, dedica-se também a traduzir as peças de William Shakespeare. É professora adjunta da UFPel. Em 2000, recebeu o Prêmio Açorianos de Literatura pela tradução de *Otelo* e, em 2001, o Prêmio Açorianos de Literatura com a obra *Pampa pernambucano (poesia, imagens, e-mails)*.

IMPRESSÃO:

GRÁFICA EDITORA Pallotti IMAGEM DE QUALIDADE

Santa Maria - RS - Fone/Fax: (55) 3220.4500
www.pallotti.com.br